私たちの学問と教育

県立新潟女子短期大学創立45周年記念

Niigata Women's College 45th

序にかえて

県立新潟女子短期大学長　岸井　勇雄

悲願だった本学の共学四年制化が、いよいよ「正夢」になったと感じたのは、学長予定者の猪口孝先生が記念誌の出版を提案されたときでした。「県短」の名で親しまれてきた本学は、紆余曲折を経ながらも、二〇〇九（平成二十一）年四月には共学四年制の県立大学に生まれ変わります。

振り返ってみれば、発足時から本学は、規模は小さいがアカデミズムを中核に、直接の人間関係を大切にする本格的な「大学」でした。そのため、私など、国庫補助「家庭教育相談事業」の県の企画運営委員長として講演やテレビ出演などで顔を知られるようになると、学内からは学者のすることではないと批判されました。今なら大学の社会貢献のメリットとしてカウントされることで、今昔の感に堪えません。その後、私は付属幼稚園を活用して学生諸君と一緒に取り組んだ実践研究が認められて文部省へスカウトされ、一九八九（平成元）年、四半世紀ぶりの教育要領改定の仕事をしました。その後、国立私立の大学と大学院に勤め、二十一年ぶりにふたたび本学に戻ったのですが、何よりも嬉しかったのは、わが県短が、発足時勤めた十八年間以上にいっそう充実・発展し、教授会をはじめ各種委員会などの審議のレベルが、私の経験したどの大学にも優るとも劣らないということでした。身内を褒めるのはいかがかと思いますが、偽りのない実感として、それぞれ個性的で内容のあるスタッフが揃っていることの幸せを痛感しています。

本書の第一章から第四章までは、このような本学の教員スタッフのうち三十五人が自主的に投稿してくれた自分自身の研究と教育に関するエッセーです。これはいわば本学の知的財産で、基本的な執筆の方針は、これから学問を志す若者たちへ向けたメッセージですから、とりわけ受験生や大学一、二年生にはぜひ読んでいただきたいと思います。人文系・社会系・理系にわたってさまざまな研究分野の話が載っています。進路を考えるための資料にもなることでしょう。

教員のみならず本学の学生諸君もまた開学以来、社会からたいへん高い評価を得てきました。初期の卒業生はすでに定年を迎えて社会の第一線から退いていますが、後輩たちがその後を追ってさまざまな分野で活躍しています。その一端を本書の第五章で見ることができます。

本学の設置目的は女子高等教育の普及にありました。しかし時代は進み、短期大学によるそのような社会的貢献の段階は、すでに過去のものとなりました。共学四年制化への脱皮は必然的な成り行きです。私は県立大学の設置に向けて、泉田裕彦知事、関根洋祐元副知事をはじめ所管の責任ある方々と何度もお会いし、ご尽力の確約を頂いてきました。また、同窓会の「かざし会」をはじめ、本学発足以来お世話になっている大学婦人協会、後援会、高等学校長会、そして県議会に代表される県民の皆様の応援を忘れることはできません。本書の第六章では学外の方々から新しい大学への励ましのお言葉も頂きました。それに応えるべく、スタッフ一同それぞれの研究と教育に一層励み、猪口新学長のもと、さらに組織的なダイナミズムを充実発展させて、小粒ながらに光り輝く県立大学の歩みを力強く進めてくださるよう願ってやみません。

私たちの学問と教育　目次

序にかえて

第一章　学問・文学・芸術

第二章　国際・言語・教育

第三章　栄養・食品・健康

第四章　環境・福祉・生活

第五章　学舎を巣立って　―卒業生の声―

第六章　県立四年制大学に期待する

表紙絵・カット　戸澗幸夫
カバーデザイン　アトリエ野良

Niigata Women's College 45th

第1章

学問・文学・芸術

さあ、学問の時間ですよ！

国際教養学科准教授　石川伊織（哲学・倫理学）

一月に入って最初の哲学の授業でグループ討論をしていた時のことでした。一人の学生が、「ちょっと前に都内の某大学の講義にモグリ込んできたんだよね……」と話し始めたのです。この学生は、友だちが通っているというこのものすごく有名な私立大学の講義風景にあきれ果てたのでした。学生はやる気なさそうに大教室で寝ているし、さらに驚いたことには、先生までやる気なさそうに教科書を棒読みしているだけ……。「私ら、短大生だけどさ、あれと比べたら、私らのほうがよっぽど学問してるって思ったよ」。その通り。あなたたちはちゃんと学問してます。それに、私たち教員もちゃんと学問してるし、それを学生に伝えてもいます。

望んでも入学できなかった某有名大学《ボウユウメイダイガク》と、望んで入学したわけではなかったかもしれない県短《ケンタン》。この落差は何なんでしょうか。名前が中味を表していないのですね。もちろん、県立新潟女子短期大学は、さまざまな劣悪な条件にもめげず、がんばって、ここまでの学問水準を維持してきました。だから、一層の努力をお願いしたいのは某有名大学のほうです……が、短大卒の女子学生の将来には全く希望がないという事実には、何の変わりもありません。昔だったら正社員として採用してもらえた銀行業界でも、名称は「〇〇メイト」などとハイカラですが、期限付きの臨時職員・嘱託職員としての採用しかなくなっています。採用されたとしても補助的な仕事しか宛がわれず、昇進の見込みはゼロ、といった会社も少なくありません。やはり四大卒《ヨンダイソツ》でないと……というわけです。それなのに、四年制大学ときたら、某有名私立大学に限らず、実態はこんなもんです。さてさて、なんとしたものでしょうか。

悔しい思い半分、「それに引き換え私たちは！」という自負が半分……というのが、モグリ学生をやってみた学生の思いだったのだと思います。なんてこった！　でも、いまは学問の話をしているのでした。就職対策の話や大学行政の話をしているのではないのです。実のところ、私の専門の「哲学」という学問は、こういうことを日常的に考えている学問なのです。えっ？？〈こういうこと〉って何だ？　と思われる方も多いでしょう。つまり、こうです。哲学は、名前と中味の違いを分析しているのです。哲学は言葉を問題にします。「人々に誤解が生じるのは、言葉を正しく使っていないからだ。だから、言葉を正しく使う方法を学ばなくてはならない」。でも、「正しく」ってどういうことでしょう？　文法や論理を正しく使えば、正しい言葉を使える、ということは考えられますね。でも、それだけ？

違う名前の付いているものは中味も違うし、同じ名前なら中味も同じ……普通はそう考えます。哲学には「不可識別者同一の原理」という舌をかみそうな名前の理論があります。これは、二つまたはそれ以上のものがあっても、相互に違いが見いだせないなら、それらは全部同じものだ、という理論です。そんなの当たり前じゃないか！　と思うでしょ？　でも、そう思うのは、同じものには同じ名前が付いているはずだ、という前提があるからです。なのに研究が必要なのは、同じものなのに別の名前が付いていたりするからです。そして、名前が違うと中味も違うと思い込んでしまうからです。生協で扱っていた冷凍ギョーザも、一般のお店で売っていた日本たばこ産業（JT）の冷凍ギョーザも、名前は違うのにどちらも同じ工場で作られた有毒ギョーザでした。逆の例もあります。埼玉の方言では明後日の次の日のことを「ヤネアサッテ」とか「ヤノアサッテ」と言い、その次の日のことを「シアサッテ」と言います。でも、いわゆる〈標準語〉では、シアサッテとヤネアサッテの順番は逆なんです。名前が同じでも中味が違うのですね（……と書きましたら、出版社のかたから『日本国語大辞典』のコピーまで付けてご指摘をいただきました。新潟でも埼玉同様、シアサッテとヤネアサッテの順序は標準語とは逆だそうです。これは大発見！　しかし、大発見なのは多くの新潟の皆さんにも同様なのではないでしょうか。この件、実はもう一〇年も講義で話しているのですが、これまでただ一人の学生からも指摘されたことはありませんでした。新潟の方言がすでに失われてしまって久しいのかも知れないのです。残念なことです）。

　莫迦《ばか》莫迦しい話をしているなあ、とお怒りの方もいらっしゃるでしょう。そんなの、使っている人たちが違いを確認しあって、どちらの意味で言葉を使うか、その都度決めれば、それで済む話じゃないか！　というわけです。冷凍ギョーザの件も同様で、中味が同じかどうかは調べてみればすぐ分かりますね。けれども、すべての名前に中味が対応していて、すべてのものには名前があると、どうして言えますか？　こういう前提は思い込みにすぎません。実際には、名前と中味が対応していない例など、掃いて捨てるほどあるのです。

　かねてから病を患っていた患者が、もう我慢できないと、医者にかかりました。医者は、「あなたの健康には果物を食べることが必要だから、果物を摂《と》りなさい」と言いました。そこで、家族の人たちは林檎《りんご》や桃を食べさせようとするのですが、この患者は、「お医者さんは〈果物〉を食べろと言ったのであって、〈林檎〉を食べろとも〈桃〉を食べろとも言っていない」と言って、頑として食べないのだそうです。この患者の主張、どこかヘンじゃないですか？　〈この林檎〉〈あの林檎〉と言えば、具体的な一つ一つの林檎を指すことができますが、ただ〈林檎〉とだけ言うなら、それは〈あの林檎〉や〈この林檎〉を一まとめにした〈林檎というもの〉〈林檎一般〉を指します。この〈林檎一般〉はもう抽象概念であり、普遍概念であって、具体的な個物を指してはいません。これが、〈林檎一般〉や〈蜜柑《みかん》一般〉や〈桃一般〉を総称した〈果物〉となると、抽象度はさらに高くなります。〈果物〉は具体的な物体を指していません。つまり、〈モノ〉に対応していない〈名前〉というものもあり得るということです。しかも、〈この桃〉や〈あの林檎〉を食べることによってしか、〈果物〉を食べることはできません。個別によって支えられない普遍など存在しないし、普遍性を担っていない個別など存在しない、ということになります。

やれやれ、なんともややこしいことになってきました。この上、名前のないものの話など聞かされては、もう混乱の極致かもしれませんね。でも、この〈名前のないもの〉、実は身の周りに転がっているのです。ビンで配達される牛乳がありますね。最近は、牛乳は紙パック入りのものをスーパーやコンビニで買ってくることが多いですが、地球環境問題の視点からも、牛乳ビンのデポジット制度というのは見直されています。で、この牛乳ビン、紙でできたふたで密封されています。飲むときには柄に針の付いた専用の道具で開けなくてはなりません。でも、この道具の名前はご存じですか？　実はあれ、名前がないんです。

論理的に考えましょう！　でも、論理だけで考えないように。さっきの例に戻れば、〈この林檎〉や〈あの桃〉は食べることができました。名前が具体的なモノを指し示しているなら、その名前が指し示すモノは手に取ることができます。ですが、抽象的な観念はそれが指し示す具体的なモノとは結び付いていません。だから、〈果物一般〉は食べられないわけです。これは正しいですね。ところで、これを次のように言い換えてみましょう。「具体的なモノと結びついた概念なら、その指し示す対象は〈存在〉しているけれど、抽象概念の指し示す対象は〈存在〉していない」、と。でも、この文章は正しいでしょうか？

ウッと詰まるようなら、あなたはまともに考えている、と言っていいでしょう。なぜなら、存在しないとは言い切れない抽象概念だってあるからです。いい例が〈社会〉とか〈国家〉です。あなたは〈社会〉や〈国家〉を見たことがありますか？　二人以上の人間がいれば、そこには何らかの社会が成立します。でも、それは、人と人との間に、〈関係〉として成り立つのであって、この林檎やあの蜜柑みたいな〈モノ〉ではありません。しかし、〈モノ〉でないから存在しないのだというと、人間関係は成立しません。国家も同様。国家は確かに抽象概念です。ですが、存在しないとすれば、私たちは何のために税金を納めているのでしょうか？　国家が存在しないのなら、現に具体的なモノとして存在しているパスポート、あれは一体何なのでしょうか？　存在と概念とは、常識とは異なって、無関係なのかもしれないのです。

さあ、だから学問の時間です。人間である限り、考えないで生きることはできません。こういうややこしい問題もまたしかりです。それに、〈事柄〉を知ることと、それを知ろうとしている〈私〉を知ることは、つまるところ同じ一つの事柄の裏表だったりします。〈私〉とは何か、自分とは何かを知りたかったら、自分の周りのことを知らなくてはなりません。自分の内側をのぞいたって、そこには真っ暗闇の洞窟《どうくつ》がぽっかりと口を開けているだけです。

さあ、だから学問の時間です。こんなことを考えても何の利益もありません。誰もお金を払ってくれたりしません。だって、こういう問題は人間であるなら誰もが考えないわけにはいかないことだから。これと比べれば、地位や名誉やお金もうけなどくだらない雑事に過ぎません。研究したかったら自分でお金を稼いでこいと言い放つ人が、学者のフリをして私たち人文科学の研究者を脅しています。ごめんなさいね。私たちは、自分の頭脳と紙と鉛筆さえあればどこでも研究できます。私たちに研究をやめさせるためには、私たちを殺すしかありません。工学にせよ経済学にせよ、あらゆる学問は〈存在〉について語っています。存在について考える学問を蔑《ないがし》ろにすると、お金になる学問まで自己破産するのが、お莫迦さんには分からないようです。だから、私たちは懐手してお莫迦さんの自己破産を高みの見物ときめこみましょう。勝つのはどう考えても私たちですから。

さあ、学問の時間です！

死から生への彷徨、なぜから現在へ

生活科学科食物栄養専攻教授　宮西邦夫（公衆衛生学・疫学）

小学三年生のころ、夜中、突然目が覚め、両親と兄と妹はぐっすり眠っている様子…、父と母は長男、長女であったが、なぜか祖父母とは別居しており、今で言う「核家族」でした。「ここにいる家族は五十年後には、この世にいないかもしれない…自分も…」との思いが消えなくなり、悶々《もんもん》としつつ、眠れぬまま学校へ行った記憶があります。

その日以来、ふと一人になると「人はいつか必ず、死ぬ、そして自分の知っている人たちは皆、この世からいなくなる…」との思いにとらわれたが、妙に恐怖感、怖いという気持ちはなかった。

〝ただ、人の死というもの〟に興味がわき、〝なぜ、人は死ぬのか知りたい〟と思いました。なぜ、人は死ぬのか…当時、近所に結核で亡くなった人がいた…病気で死ぬのだ…両親に聞いた話であるが、精神分裂病で死ぬまで入院している人もいる…時折、菩提寺《ぼだいじ》の方丈さんが遊びに来られる、なぜ人は死ぬのか聞いてみたい…でも、葬式で読経されるだけで、死について聞くのは無理…なぜ、人は病気になるのか…結核は結核菌に感染することが原因…精神分裂病は何が原因、分からない…微生物、他方は…図書館で結核菌を調べると「小さい塊」が掲載されているだけ…なぜ、これが人を死に追いやるのか…の疑問を持ったまま…中途半端な小・中学校生活であった、何に集中するでもなく、過ごしていた気がする…（日本精神神経学会は二〇〇七年に「精神分裂病」を「統合失調症」と病名変更した）。

高校二年生の夏、本屋で偶然目にした『精神分裂病』（岩波新書、著者、千葉大学医学部精神科学教室教授）が目にとまり…一気に読んだ…「精神分裂病の原因は現在も尚、不明であり、根治療法はなく、対症療法しかない、鬱《うつ》には精神賦活剤、躁《そう》には精神鎮静剤…」の記述で、これまでの続いていた疑問…今でも、病気の原因が分からないものもあるんだ…でも、人は死からは逃れられない…病気にならなければ、少しでも生き延びられるのに、原因が分かれば…の疑問が続く。

後日、偶然ではあるが、先の本屋で新書判『ウイルス病』（岩波新書、著者、京都大学ウイルス学研究所教授）に出合い、即、一気読み、寝ないで読んだ…「開発されたばかりの電子顕微鏡で撮った、日本脳炎ウイルスの写真」…との出合い、これで、進路進学先の迷いも消えました。理科系（生物学、生命科学）への進学は決めていたが、領域が未定であった…精神分裂病は原因不明、ウイルスならこの目で確かめられる…そうすれば、病気にならない方法も見つかる。

人の死をわずかな期間でも延ばすことができるのでは…、高校三年から愛読していた（現在でも時々読むが、やはり心が救われる）「徒然草」と「方丈記」でも、〝死〟をどう受け止めるのかについての興味が命題…一節にあった「〝朝、お前の命は今日限り〟と伝えられたら、〝何をするか、それがお前のすべて、お前自身である〟」との文が今も念頭にあります。

「病原微生物を学ぶこと」…が、自分にとって〝生きること〟につながるのではないか…これまでの〝死〟との出合いから、ようやく〝生〟への命題が生まれ、今日までの「なぜ」の連続が「私の学問と教育」に至る経路、経過となっているような気がしています。

学生時代もやっぱり〝人の存在、生きること、どう生きるか〟などが命題、やはり集中しない大学生活でした。自然科学系に学びながら人文科学系にどっぷりと漬かり、就職先へも持ち運び、転居する際に思い切って一部を古本屋に出したところ、四万一千八百円もの値段で引き取ってもらえた…、「岩波書店の哲学全集（十八巻）」と「三木清全集（二十三巻）」は、学生時代の金欠の中、どうしても読みたくて買った全集、今も手元にある（色あせていることは、学生時代の教科書も同じ、高校時代の自作の数学、化学、生物のノートも捨てられない…）。

学生時代、最終的に興味を持ったことは、〝霊長類を対象にして「学習」「記憶」「情動」などの現象を生物物理化学的手法で理解したい〟と思い、大学院を受験したが一次試験の英語で落ちた…、卒業前のぼんやりとした不安の日々、偶然ではあるが、微生物学講座の教授の推薦（紹介）により、新潟大学医学部公衆衛生学教室で「日本脳炎ウイルスの生態学的研究」をしており、助手を募集しているから面接を受けてみないかとのこと…採用され、今日に至っています。

以来、取り組んできた研究課題の概要について紹介します。

第一期…新潟大学医学部公衆衛生学教室、感染症が専門の教授に師事、昭和六十年まで
①日本脳炎ウイルスの生態学的研究　②新潟県の学童・生徒の貧血調査　③県民栄養調査・国民栄養調査の委託研究　④ネパール、タイ国の学童および成人の健康と栄養状態に関する疫学的研究　⑤風疹ウイルスに関する疫学的研究

第二期…新潟大学医学部公衆衛生学教室、循環器疾患が専門の教授に師事、平成五年まで

⑥日本脳炎、デングウイルスの血清疫学的研究　⑦新潟県青・成人の健康増進に関する特別事業　⑧突然死に関する疫学的研究　⑨成人病発症素因調査　⑩親子の健康づくりに関する調査研究　⑪血清脂質、肥満度、アポリポ蛋白値の家族集積性に対する遺伝・環境要因の影響　⑫Apo(a), ApoE 遺伝子表現型の分析と関連要因に関する疫学的研究

第三期…県立新潟女子短期大学生活科学科食物栄養専攻（公衆衛生学研究室）、現在まで

⑬動脈硬化症成因治療に関する疫学的研究　⑭地域住民における生活習慣病の出現状況と血清脂質の量・質的変化に関する疫学的研究　⑮小学生の身体と心の健康状態と食事・運動習慣の関係（貧血、高脂血症、肥満、不定愁訴の出現状況と食事・運動習慣）

現在は⑭の研究成果を学術誌に発表しつつあり、これが私のまとめの仕事になると思っています。死に対する疑問、生の在り方に対する疑問から始まり、疾病の実態と原因を探す研究に携わりながら、ようやく、心と身体の健康を研究課題に取り組み始め、なぜか研究に対する焦りが減りましたが、一刻も早く学童の心と身体の健全な状態をもたらすには、毎日の生活がどうあるべきか…の答えを出さなければ…との思いが強くなる日々、命題は〝生のありかた、社会への還元、健康であること〟であり、自分自身も人としての生活のあり方を問いながら学んでいるのが現状です。

以上の研究内容で得られた知識を駆使しながら、公衆衛生学、健康科学（成人保健・予防医学）などの授業を担当し、実践的かつ具体的な講義内容により、学生に〝自ら健康であるためには、

どうすればよいのか〟を考える機会になるよう心掛けながら学生教育に取り組んでいます。

もの学び、私の出発点

国際教養学科教授　板垣俊一（日本文学）

自己の学問を語るためには、若いころの自分史に触れなければなりません。私の学生時代の個別的な時代状況から話を始めて、より一般的な学問論について述べてみたいと思います。

私が関心を持っている研究対象領域は、言葉によって表現された日本の古代や民衆の世界です。「国文学」と呼ばれてきた学問領域です。私の大学時代は、ベトナム戦争とそれに関連した七十年安保闘争のころです。今ではすっかり影が薄くなったマルクス主義思想が青年を魅了していたころで、政治の時代でした。そのころは全国の学生数が増加して大学大衆化の始まりともいわれました。また、水俣《みなまた》病に見られるように、工場から出る廃液やばい煙による住民の健康被害が広がり、近代工業社会の矛盾が大きく表面化した時代でもありました。そのため正義感に燃えた当時のまじめな学生たちは、大学そのものの存在意義を深く問い詰めた時代でもありました。中でも学生運動の一つの組織だった全共闘の学生たちはもっとも過激に大学のあり方を追及していました。大学は産業界の利益のためにのみ貢献し、公害にさらされている弱者の味方ではない、そんな大学はつぶしてしまえ、というのが彼らの考えでした。大企業の利益につながるような研究には予算が付きやすいものです。企業が起こす公害の研究よりもそのような研究に精を出す大学教授は自己批判しろというのです。これは学生たちの正義感に訴え、かなりの共感を呼ぶ面がありました。

私は遅れてきた学生でした。工業高校の電子科を卒業して一年半ほど某社の宇宙開発本部という職場で働きました。一九六〇年代後半のことです。そのころは、宇宙開発、原子力エネルギー開発、そして電子工学の時代でした。子どもたちに科学への夢をはぐくんだ時代だったのです。大量殺人兵器に利用された原子力が、平和的な未来の発電エネルギーとなり、人類にとっての「第三の火」としてもてはやされたように、科学の未来はバラ色でした。しかしまだ一般民衆の生活は貧しかった時代です。私は自然科学や工学こそが貧しさから抜け出せる唯一の方法だと信じていました。しかし一方で、物質的な豊かさだけが人間の幸せなのか、このちっぽけな人一人の生きることの意味、人間とは何者なのか、といった素朴な疑問も多感な青春期には兆《きざ》すものです。宗教に入ってゆくのもそうした心情からでしょう。そこで、大学へ行けば人生をゆっくり考える時間があるだろう、また人間について考える方法も見つかるだろう——そう信じて私は会社を辞め、大学へ入りました。しかし、やっと入った大学も（そんな歌もありました）五、六月ごろから学生たちによってバリケード封鎖され、一年目はほとんど休講でした。自分のことしか考えていなかった私にとって、学問が個人的な営みだけに終わるものではなく、社会的な意味を持っているのだという観点からの学生たちの大学批判は衝撃でした。

明治以来、日本の大学は立身出世の手段として利用されてきましたが、親の資産によって社会的な地位が保証される傾向にあった時代に、貧しい有能な青年が社会的な上昇を遂げる手段としては大学が一定の役割を果たしたと思います。しかし、大学大衆化が始まったころは「学士様」の価値もずいぶん低下していました。

入学したばかりの私は、当然大学を否定することはできませんでした。学びたかったことは極めて個人的な関心事ですが、しかし「自分は何者か」という問いは、「日本人とは何者か」とか、さらに「人間とは何者か」という問いに行き着かざるを得ません。そのとき、その問いは個人的な営みから社会的で普遍的な営みに変わります。そのような問いは一般的には哲学的考察になりますが、私は日本語の言語表現を対象に選んで考えることにしました。かつまたその言語表現を、素朴な社会に限定して、時代的には古代を、空間的には民俗社会を選びました。ただし伝統的な民俗社会は、現代の日本では消えようとしていますので最近は中国の辺境地帯にまで出掛けて行っています。

古代については、古事記・万葉集を研究対象にしてきました。それらは今から千三百年も前の作品ですからその表現を読み取るのは難しいことです。そこで助けとなるのが過去の研究史です。例えば江戸時代の契沖《けいちゅう》や賀茂真淵《かものまぶち》という学者が研究の道を拓《ひら》いています。特に古事記に関しては、よく知られている本居宣長の『古事記伝』があります。時代的な制約の中から生まれた江戸時代の学者たちの研究成果には、今では無意味な部分も多くありますが、しかし学ぶべき点や考えさせられる点も多々あります。時代的な制約の例としては、比較考察のための資料が中国文献しかなく、世界のほかの地域の資料が手に入らなかったことなども挙げられます。江戸時代までは、そもそも学問といえば中国の文献を学ぶ儒学を指していました。漢文学を学び儒教を学ぶことが正統な学問だったのです。日本語で書かれた資料は正統な学問の対象ではなかったのです。このことは実は明治になって外国語を学び西洋の学問を紹介することが近代的な学問のように見られていたこととよく似ています。本居宣長らはそんな時代に古代の日本語文献を対象とし、かつ和文で研究書を著した人たちです。

江戸幕府の崩壊後、さまざまな近代化を推し進めようとした明治政府は、当初どんな学問領域を考えていたのでしょうか。一八七一（明治四）年九月の文部省令には教官が属する学問領域の分類を次のように記載しています。

国学　支那学　洋学　算術・手跡　医学

「国学」とは本居宣長や賀茂真淵の学問を指します。儒学は支那学になり、江戸時代の蘭《らん》学（オランダ学）は洋学や医学となりました。算術・手跡は寺子屋以来の技能科目です。ここにはまだ人文・社会科学と自然科学との区別はありません。明治政府の王政復古思想によって筆頭に国学が置かれていますが、現実的には西洋に学ぶことで近代化を遂げようとしたことから、明治以降の学問の中心となったのは洋学でした。後の、哲学・歴史学・物理学・天文学・生物学などほとんどの学問領域はすべて洋学に由来しています。

もともと儒学と国学しかなかった日本では、洋学といってもそれは西洋を研究対象にしたものではなく、西洋でなされた学問を学ぶことでしたから、日本の多くの学問は学問を学ぶ学問、つまり「学」学だと揶揄《やゆ》されたものです。西洋の学問を受け入れるなかで起こったことの一つはさまざまな翻訳語の誕生でした。それまで日常では耳にしなかった専門用語（術語）です。それは大学の中だけで通用する言葉で、一般民衆の日常会話との落差の大きい言葉でした。「社会」「国家」「存在」、果ては「アウフヘーベン」まで、私たちの学生時代には、中学・高校を卒業した郷里の友人との会話や家庭内の会話では決して交わされることのない言葉が学生たちの間で使われていました。それは、ふと我に返ったとき自分が庶民の現実から遊離した観念的な世界に遊んでいるにすぎないと思わせるに十分なものでした。沖縄のアメリカ軍基地からベトナムの民衆を殺すB－52爆撃機が飛び立ち続けている現実の中で、大学などは自己満足の場でしかないのではないか。そんな思いも当時の学生たちにありました。

私の学問の出発はそんな時代からでしたが、学問への入門当初を振り返るにつけ、ずいぶん節を曲げながら生きてきたものだと慚愧《ざんき》の思いに堪えません。誰しも、掛け替えのない自分でありつつ、しかも時代の子です。もっと前の先人たちは、学問においても戦争体験と向き合うことが求められました。今は、戦争もなく飢えもなく一見平凡で退屈に見える時代です。そんな時代に青年が情熱を傾けるべき対象はあるのでしょうか。この問いに対する答えをかなり前に高橋和巳が書いています。「いまはむしろ、日常性というものを掘って掘って掘りまくるべきだ…日々、なにひとつ新しいもののないかのごとく見える日常性、――だが、そこにも人間の深淵《しんえん》がぽっかり口をあけており、それからしても人間のもろもろの問題を問いかけることができるはずだ」（青春論）と。

韓国の留学生作家たち

国際教養学科教授　波田野節子（韓国近代文学）

私の専門は韓国の近代文学です。日本で近代文学というと明治から昭和の敗戦までの時期に書かれた作品を指しますが、韓国の場合は、二十世紀の初めごろからやはり日本が敗戦した一九四五（昭和二十）年までの時期に書かれたものを近代文学と呼ぶのが一般的です。なぜ同じ一九四五年なのかといえば、日本の敗戦が韓国にとっては植民地からの解放を意味したからです。日本の終戦の日である八月十五日は、韓国では「光復《クァンボク》」すなわち解放記念日です。この一つをとっても、日本との歴史的な関係が文学にも大きく反映していることが分かるでしょう。

私はこれまで李光洙《イグァンス》・金東仁《キムドンイン》・洪命憙《ホンミョンヒ》という三人の作家を研究してきました。いずれも韓国近代文学に大きな足跡を残した人たちで、十代で日本留学を経験しています。李光洙は二十代のとき二度目の留学をして、早稲田大学在学中に『無情』という長編小説を書き、これが韓国で最初の近代的長編小説とされています。

実は私が韓国文学の研究を始めたきっかけは、この『無情』という作品との出合いです。『無情』のあらすじを紹介しましょう。京城（植民地時代のソウルの名前）の中学校で英語を教えている貧しい教師が大金持ちの貴族の一人娘の家庭教師をすることになったことから話が始まります。束髪（昔の日本にもあったヘアースタイル）にチマ・チョゴリを着た女学生のお嬢さんに彼は一目ぼれしますが、その晩、今は妓生《キーセン》（韓国の芸妓《げいぎ》）をしている恩人の娘と七年ぶりに再会します。生前、二人の結婚を許していた恩人への義理を思えば、彼は彼女と結婚すべきですが、すでに彼の心にはお金持ちのお嬢さんがいます。こう書くと単純なのですが、小説では彼の心は恩人の娘である妓生に惹《ひ》かれているかのよう描かれながら、それでいて彼の心と動作が異常な動き方をするので、読んでいると読者は次第に不安な気持ちになってきます。

後半部はがらりと雰囲気が変わります。妓生は遺書を残して姿を消し、主人公はお金持ちのお嬢さんと婚約して一緒に米国に留学することになりました。ところが妓生はある人に助けられて日本に留学することになり、三人は釜山行きの汽車の中で出会います。彼らの間には葛藤《かっとう》が起きますが、最後には、留学して学んだ知識を朝鮮の文明開化に役立てようと全員で決心をして大団円となります。この後半部は啓蒙《けいもう》の意図があらわで、小説としては面白みに欠けますが、民族のために何かをしなくてはいけないという作者の思いはひしひしと伝わってきます。

『無情』の前半部の不可解さと後半部の迫力に引きずられて、私はこの小説の研究を始めました。しかし作品論を書く前に、さまざまなことを知る必要がありました。この小説を書くまでの李光洙は、韓国と日本でどのような社会に生き、どんな思潮に取り囲まれ、そして日本でどんな文学作品と出合って作家になろうと考えたのかについてです。

私は特に李光洙が滞在していた当時の日本について調べました。明治の末から大正にかけての日本の姿は、韓国から来た留学生の目を通して見ると、私がそれまで考えていたものとはかなり違っていました。李光洙が初めて日本に来たのは日露戦争が終わるころです。この時期の日本の思潮は社会進化論と生存競争を科学的真理として受け入れており、自分たちは劣敗してたまるかという危機意識がみなぎっていました。劣敗するというのは他国の植民地になることです。危機感の背後には、江戸時代の末の内戦と独立の危機、西洋列強との間に結んだ不平等な条約締結、そして日清戦争の後に三国干渉を受け入れた屈辱感など、多くの要因がありました。しかし、日露戦争に勝利していったんこの危機感から逃れたこのころの日本の人々は、いまだ危機状態にあるアジアの人々に対しては冷淡でした。

李光洙もこの時代思潮は共有していましたから、日本の態度も仕方がないとは思ったようです。しかし植民地の人々に対する日本人の傲慢《ごうまん》な態度は非難して、より良い待遇を要求しました。そして自分の民族が劣敗者として淘汰《とうた》され滅亡しないためにはどうしたらよいのかを考えて、自民族の啓蒙のために『無情』を書いたのです。この小説の主人公は屈折しながらも自分の願望に忠実に行動します。作者は、朝鮮は儒教に縛られて人間らしい欲望を押し殺してきたために民族の力が衰退したのだと考えていました。それで、人間の欲望を解き放つことで民族がもっと強くなることを主張したのです。

この小説には精神分析や心理学の知識が盛り込まれています。主人公は本当はお金持ちのお嬢さんが好きなのに、恩人の娘が現れたからには彼女と義理の結婚をしないわけにはいきません。そうやって抑圧してしまった願望が意識の深みから干渉を及ぼして彼の心理や動作を不自然なものにします。「反動形成」や「投射」「忘却」など、この小説では当時としては最新の心理学の知識が駆使されています。李光洙は当時早稲田大学の哲学科の学生でしたから、これくらいの知識は当然持っていました。そのほかに当時はやった生命哲学のベルクソンや、群集心理学の始祖であるギュスターブ・ル・ボンなど、李光洙のおかげで私は昔の日本で流行したさまざまな思潮を勉強することになりました。

こうやって李光洙を研究しながら書いた十編の論文を収めた論文集が、最近、日本と韓国で刊行されることになりました。もう十五年以上前の論文ですが、韓国ではこれまでこうした研究はされておらず、最近その必要性が認識されつつあるところなので、少しは反響があるのではないかと期待しています。

私はその後、李光洙の周囲にいた作家たちを研究したいと思い、金東仁と洪命憙という二人の作家を研究しました。先に述べたように、この二人は李光洙と同じ時期に東京に留学していた人たちです。文学史では、李光洙は韓国最初の近代長編小説『無情』を書いた作家、金東仁は短編小説を確立した作家とされています。一方、中学時代に李光洙の友人だった洪命憙は、政治活動をして獄中生活を送った後、政治から身を引き、『林巨正』という歴史小説を十一年にわたって新聞連載しました。彼は南北が分断すると北に行って副首相になりますが、この『林巨正』一編によって韓国の文学史に名を残すことになりました。

こうした作家たちを研究しているうちに、私は植民地時代に日本に留学した文学者全般に興味を持つようになりました。韓国の文学史を見ると非常に多くの作家が日本留学をしています。学校に通わず滞在した人たちまで入れると、三分の二を超えるのではないかと思います。そうした人たちが日本と出合って何を感じ、それが彼らの作品にどのように反映しているかを研究することは、実は彼らの目に映った当時の日本の姿を見ることでもあります。その意味で彼らは近代日本の姿を映す鏡でもあると言えるでしょう。それならば、近代日本の姿を多角的に見るためには鏡がたくさんあったほうがよいということになります。

そこで私は「植民地期朝鮮文学者の日本体験に関する総合的研究」という題目で文部科学省に科学研究費補助を申請し、幸い採択されました。現在、国内の研究者とともに韓国の研究者に協力を呼び掛け、十数人で共同研究をしています。今年が三年計画の最終年度に当たりますので、東京でシンポジウムを開いたり資料集を刊行したりと今年は忙しい年になりそうですが、日韓の研究者が協力し、歴史分野や日本文学の研究者からも協力を得ている国際的かつ学際的な研究なので、やりがいを感じています。

研究の話ばかりで教育の話をしないうちに終わりそうです。県立新潟女子短期大学での私の担当科目は韓国語です。語学を教えるためにはそれなりの技術が必要です。それで私は教育研究会に所属して常に教育方法に関する勉強をするよう努力しています。研究会で学んだり発表したりすることは、教室を外に対して開くことだと思います。短大にはCALL教室など最新の語学教育設備が整っているので、新しい方法による語学教育に挑戦できます。教師が常に新しいことに挑戦する姿勢は学習者に対して良い影響を与えると、私は信じています。

ところで私は三年前からNHKラジオのハングル講座の応用編講師をしています。これまで二回テキストを作成しましたが、その際には短大の授業で使うことをイメージして作り、放送の後、実際に教室で使っています。NHK放送を練習台にして改良を加えて短大で実施するのですから、考えてみるとぜいたくな授業かもしれませんね。

私が県短に来てから、もう十五年たちました。若い学生たちの学ぶ姿を見るのが、いつも私の一番の楽しみであり、エネルギー源でした。四年制大学になって学校の雰囲気は少し変わるかもしれませんが、学生が学ぶ場所であることは変わりません。彼らが学び成長する姿から私も元気と刺激を受けつつ、これからも研究と教育に力を注いでいきたいと思っています。

非暴力直接行動を知っていますか

英文学科講師　福本圭介（英語圏文学・文化）

私の専門は英語圏の文学や文化ですが、最近は特に「非暴力直接行動」というものに興味を持って研究しています。マーティン・ルーサー・キングやガンジーといった名前はきっと多くの人が聞いたことがあると思いますが、案外彼らの活動の本質的な部分についてはよく知られていないのではないでしょうか。例えば、「非暴力」というと、何もしない無抵抗のイメージがあったり、「高邁《こうまい》な理想だとは思うけど、現実的には…」というような声も聞こえてきそうです。しかし、キングの自伝やガンジーの著作を詳しく読んでみると、「非暴力」は単なる理想主義ではないことが分かります。例えば、ガンジーは宗主国イギリスに対して植民地インドの独立を勝ち取るために非暴力の運動を実践しましたが、むしろそれは極小のアリが巨大なゾウに勝つ戦法、暴力的に戦ったのでは決して変えることのできない状況を変えるための現実的な方法でした。また、非暴力は道徳主義として非難されたり、逆に崇高化されることもありますが、それも正確ではありません。非暴力直接行動は、むしろ「死」（殺すこと、殺されること）を美化したり正当化するタイプの思想に対抗するものであり、もっと現実的な計算から、無抵抗と暴力を過激に退ける「生き延びる」ための行動です。しかし、私が最も関心を持っているのは、非暴力直接行動が、状況を変えるだけでなく、それに参加する人間を根本から変えてしまうような力を持っている点です。ここが最も面白く、そして難しいところでもあるのですが、非暴力直接行動には創造的な次元があって、人間をつくり変えてしまうのです。

私がこの非暴力直接行動の『創造的な次元』に気づいたのは、キング牧師の『黒人はなぜ待てないか』（*Why We Can't Wait*, 一九六三年）という本の中に収められている「バーミングハムの獄中からの手紙」というエッセーを読んだときでした。これは、キングがバーミングハム（アメリカ南部で当時、最も人種差別がひどいといわれていた都市）でデモ行進を行って当局に捕まった際に刑務所の中で書いた文章ですが、そこでキングは、「積極平和」と「消極平和」という二つの概念を提出しています。「消極平和」とは、現実には理不尽な関係のなかで尊厳が傷つけられているのに、波風が立つことを恐れるあまり、「緊張」を表面化させず、それを憎しみ（暴れる力）として蓄積するような状態です。それに対して、「積極平和」とは、そのような「緊張」をあえて表面に引っ張り出すことによって、危機をはらんだ状況のただなかで関係を再構築し、憎しみを創造的な力に変えるダイナミックなプロセスです。キングは、別のエッセーではこのプロセスを「生成変化」(transformation)という言葉で呼んでいますが、簡単に言えば、キングは、「非暴力直接行動」を通して人間は変わることができるということを主張しているのです。

このことは、少しイメージしづらいかもしれません。具体例として、一九五五年十二月五日に始まるアラバマ州モントゴメリーのバス・ボイコット運動を思い出してみましょう。この話は中学や高校の英語の教科書にもよく取り上げられるので、多くの人が知っているのではないかと思います。当時のアメリカ南部は人種隔離が法制化されており、黒人たちは、政治的にも、経済的にも、社会的にも排除された状況のなかで団結することもできず自己憎悪のなかで疲労困憊《こんぱい》していました。しかし、ローザ・パークスの逮捕をきっかけに抵抗運動が突然始まります。五万の黒人住民が、一気にバスに乗ることをやめ、雨の日も風の日もバスに乗らずに歩き続けるのです。なぜそのようなことが可能になったのかについての困難な説明はここではおいておきましょう。重要なのは、モントゴメリーの五万の住民たちがある種の「奇跡」を経験していたことです。ある人物はこの経験を、「私たちは、私たち自身を驚かせたのだ」という言葉で表現しています。また、こんなこともありました。ある日、キングは、雨の中を歩き続ける年老いた女性に向かって言いました。「あなたはもう十分に歩きました。疲れていることでしょう。どうぞ車に乗ってください」と。するとその女性はこう言ったというのです。「私の両足は疲れています。しかし、私の魂は安らいでいるんです」。身体的にはつらかったにもかかわらず、彼女の魂は安らいでいた。この女性が直接行動のなかで経験していたこと、彼女が自分で自分に対して起こした奇跡、私は、ここに非暴力直接行動の本質があるような気がしています。

しかし、非暴力直接行動が発明され実践されたのは、イギリスの植民地だったインドや、人種隔離が公然と行われていた一九五〇年代のアメリカ南部だけではありません。例えば、私たちに身近な例でいえば、沖縄があります。沖縄は、太平洋戦争で地上戦を戦わされ、島民の四人に一人が死ぬという地獄を強制されましたが、地獄は「戦後」も続きます。米民政府による直接統治下では、基地建設のため「銃剣とブルドーザー」による土地の強奪が行われ、多くの農民たちが生きる糧を失いました。しかし、そこでも農民たちはそのまま屈したりはしなかった。例えば、伊江島の農民たちは、相手が「鬼畜」でも自分たちは「人間」でありたいとねばり強い非暴力的な抵抗を続け、それが島ぐるみの闘いへとつながってゆくのです。それはまさに巨大なゾウを動かそうとする民衆たちの直接行動でした。このことは、阿波根昌鴻さんの『米軍と農民』（岩波新書、一九七三年）という本に詳しく書かれてあるので、もしまだ読んだことのない人がいたらぜひ読んでみてください。

二つの世界大戦を生み出した二十世紀はしばしば「戦争の世紀」だといわれます。それは間違いではありません。しかし、間違いではないからこそ、「非暴力直接行動」は、寄る辺なき民衆たちが生み出した二十世紀最大の発明であり、希望なのではないかと私は思っています。

旅の途中に

国際教養学科准教授　山田佳子（韓国現代文学）

三年ほど前から韓国の女性作家、朴花城《パクファソン》についての研究をしています。出身地の木浦《モッポ》をすでに三度訪れ、市内にあるゆかりの場所を巡ったほか、作品の舞台となった全羅南道《チョルラナムド》の各地と南海《ナムヘ》の島へも足を運びました。全羅南道に属する木浦は朝鮮半島の西南端に位置する港町で、現在は特急でソウルから三時間余りで行くことができます。朴花城はここで一九〇三年に生まれました。木浦が開港したのは釜山《プサン》、元山《ウォンサン》、仁川《インチョン》などに次ぐ一八九七年で、まだ日本の植民地になる前でしたが、そのころから多くの日本人が移り住むようになりました。『植民地朝鮮の日本人』という本を読むと、官吏以外にも、一般の日本人がさまざまな目的で朝鮮半島に移住していった経緯を知ることができます。また、『韓国近い昔の旅』と『韓国歴史漫歩』は、地方の農村や漁村もそれぞれ日本と深いかかわりを持っていることを教えてくれます。

朴花城は一九二五年に「秋夕前夜《しゅうせきぜんや》」という作品を書いて文壇にデビューしました。これはその前年の一九二四年に設立された、大阪に本社がある紡績会社の木浦工場を舞台にした作品で、女性工員の労働の過酷さを訴えた小説です。「下水道工事」も木浦で実際に行われていた工事を素材に、資本家と労働者の対立を描いています。また、「春宵《しゅんしょう》」は当時の朝鮮で最大といわれた木浦公設市場が舞台になっています。このように朴花城は木浦を舞台とした小説を多く書きました。最初の木浦訪問ではこうした小説の舞台を訪ね歩きました。しかし現在の木浦には当時の面影を伝えるものはほとんど残っていません。朴花城の生家のあった場所には飲食店が建っていて、感慨に浸りながら冷めんを食べました。

開港とともに拓《ひら》かれた木浦は埋め立てを繰り返しながら市街地を広げていったため、地形も当時とはかなり異なっています。例えば小説の中には橋が出てくるのに、その辺りは現在では陸地になっているというようなことが多々あります。それでも小説を読んでただ想像するのと、木浦の町を思い浮かべながら主人公の行動をたどるのとでは解釈にも違いが出てきます。

二度目の訪問では小説「旱鬼《かんき》」の舞台となった全羅南道の羅州《ナジュ》を訪れました。ここは栄山江《ヨンサンガン》という大きな川に貫かれた広大な穀倉地帯で、朝鮮王朝時代は全羅南道の中心地でした。けれども訪れたのがひどく寒い冬の日だったこともあってか、現在の羅州は町並みの寂しさばかりを記憶に残しました。この地方は朴花城が実際に干ばつの被害を受けた農民を取材して書いた「旱鬼」のほか、大洪水の様子をまるで実況中継するように描いた「洪水前後」、移民政策によって故郷の土地を捨てて北の地方に集団移住することを余儀なくされた農民たちに焦点を当てた「故郷のない人々」の舞台になりました。そのほか全羅南道の道庁所在地である光州《クアンジュ》へも足を運びました。光州は一九八〇年の光州民主化抗争で知られる都市ですが、一九二九年にも植民地支配に抗議する学生の運動が起きています。朴花城はここに住む裕福な朝鮮人の家庭を舞台に「プルガサリ」という小説を書きました。この作品は結末で朝鮮人の青年が警官を投げ飛ばすという過激な内容のため、発表当時の作品は検閲によって多くの個所が消されています。

朴花城はこのように一貫して植民地社会を批判的に描いた小説を書きました。そのため一九三〇年代後半になって、戦争に協力的な内容を書いたり、日本語で書いたりすることを強要されるようになると、筆を折ってしまいました。

ここで、朴花城を研究することになったきっかけについて書きたいと思います。それまではずっと崔貞熙《チェジョンヒ》という女性作家について研究していたのですが、あるとき植民地期の代表的な作家の小説を共同で翻訳して作品集を出版することになり、崔貞熙のほか朴花城も担当することになりました。それで朴花城のどの作品を翻訳するかを決定するに当たって朴花城の小説を読み進めるうち、崔貞熙との作風の違いはもちろんですが、文体の違いに大いに関心を持つようになり、さらに朴花城が崔貞熙の作品をこき下ろした文章に出合ったのです。崔貞熙は、初めは朴花城のように貧困などの社会問題をテーマにした作品を書いていましたが、次第に男女のかなわぬ愛を描く作品へと変化していきました。もちろんそうした作品が書かれる背景には、女性の再婚や積極的な愛情表現に批判的な当時の社会風潮があったわけで、崔貞熙の作品がただのメロドラマにすぎないということではありません。ただし、小説の内容と文体とはある程度比例するもので、崔貞熙の文体に慣れていたそのとき目にした朴花城の文体の力強さはとても新鮮に感じられました。そして崔貞熙をこき下ろした朴花城とはいったいどんな作家なのか知りたくなったのです。そのときちょうど二十巻からなる朴花城の全集が韓国で出版され、作品をまとめて読めるようになったことも幸いしました。

朴花城の全集を編さんした徐正子《ソジョンジャ》先生のことについても書かないわけにはいきません。木浦出身の徐正子先生は朴花城研究の第一人者であると同時に、韓国を代表する女性文学の研究者です。先生との最初の出会いは、韓国の大学院で崔貞熙についての修士論文を書いていたときのことですから、ずいぶん昔の話になります。ただし出会ったのはご本人ではなく、先生が書かれた崔貞熙の「凶家」という作品についての論文でした。それ以来、先生の論文や著書はたびたび参考にさせていただきました。けれどもそれだけ徐正子先生という存在は大きなものだったので、ご本人に直接お目にかかることはずっと躊躇《ちゅうちょ》していました。そのようなわけで結局、実際にお会いしたのは朴花城の研究を始めた二〇〇六年の夏が最初です。

ここで話は冒頭に戻ります。朴花城の作品の舞台を巡る旅はすべて徐正子先生のお力添えによるものでした。実は先生にお会いする前はいろいろと怖い想像もしていましたが、実際の先生はすべての面でその想像を大いに裏切り、実に健康的で豪快で気さくなお姉さまでした。本当に驚いたのは、台風の大雨にもかかわらず島行きを決行し、しかも船に車ごと突進していったときでした。それはカーフェリーというようなものではなく、後尾に車が四台ほど載るだけの小さな船で、先生はその島へ行くのも初めてならば、車を船に載せるのも初めてということでした。けれども不安な様子は微塵《みじん》も見受けられません。そして島に到着すると、それはもう人生で何度も体験しないような視界ゼロの大雨の中、いきなり車を走らせました。道は知らないが、これしか道がないからまっすぐ行けばいいのだと。

こうして昨年秋に三度目の木浦訪問の時がやってきました。それは「朴花城学術大会」に出席するためでした。思えば最初の木浦訪問のとき、徐正子先生といつか必ず朴花城研究会を作ろうと誓い合ったのでしたが、先生は本当に作ってしまいました。しかもこんなにすぐに。よく、日本人は考え抜いた末に実行に移し、韓国人は考えるより先に行動を起こすということがいわれますが、これは本当です。学術大会前夜の会場の様子は不安ばかりを募らせましたが、当日ははるばるソウルからも大勢の参加者が詰め掛け、会は大成功とは言えないまでも、第一回としては申し分のない成果を挙げることができました。第一回があった以上は第二回もあります。木浦との縁は今後ますます深まっていきそうです。

現在は朴花城の東京留学時代の足跡も追っています。朴花城は一九二六年四月から一九三一年四月まで日本女子大学の英文学部に在籍しました。その間の体験が作家活動に大きな影響を与えたことは以前から指摘されてきましたが、具体的なことは分かっていません。それで朴花城が下宿していた東京豊島区の鬼子母神《きしもじん》周辺から早稲田大学を経て高田馬場駅に至るまで、朴花城がしばしば訪れていたと考えられる場所を当時の地図でたどり、実際に歩いています。朴花城の日常的な行動範囲が把握できれば、朴花城が留学中にどのような体験をしたのかが見えてくるはずです。文学の研究というと、室内で本ばかり読んでいるように思われがちですが、実際はこうして足で調べることもたくさんあります。地図と時刻表を手にスリリングな旅をすることが好きな私の性分にも合っています。

〈本文中で紹介した書籍と、翻訳で読める作品のガイド〉

『植民地朝鮮の日本人』（高崎宗司著、岩波新書、二〇〇二年）

『増補版 韓国 近い昔の旅－植民地時代をたどる』（神谷丹路著、凱風社、二〇〇一年）
『韓国歴史漫歩』（神谷丹路著、明石書店、二〇〇三年）
「秋夕前夜」（めんどりの会編訳『ガラスの番人』所収、凱風社、一九九四年）
「春宵」（李丞玉・李恢成監修『朝鮮文学選1 解放前篇』所収、三友社、一九九〇年）
「旱鬼」（大村益夫ほか編訳『朝鮮短篇小説選 上』所収、岩波文庫、一九八八年）
「洪水前後」（朴泰遠ほか著『短編小説集 小説家仇甫氏の一日 ほか十三編』所収、平凡社、二〇〇六年）
「凶家」（朴泰遠ほか著『短編小説集 小説家仇甫氏の一日 ほか十三編』所収、平凡社、二〇〇六年）

創造する喜び

幼児教育学科教授　戸澗幸夫（美術教育）

子どものころ、家の壁にゴッホの「アルルの跳ね橋」と上村松園の美人画の複製画が飾られていました。原色で荒々しいタッチながら川で洗濯している人のリアルさや上村松園の繊細な筆遣いで清らかな人物像は子ども心にすごいという感情が芽生えました。ゴッホの絵はクレヨンや水彩絵の具で何度か模写を試みました。上村松園の絵は模写することはなかったが常に絵を描くときの目標になっていました。この経験が私にとってその後の芸術に対する感性として、根強く影響を与えるとはそのころは考えてはいませんでした。

高校生となり将来の職業を具体的に考えるとき、即座に画家になることを決意しました。その時から、金沢に住む美大の教授のアトリエ通いが始まりました。いつも楽しみは、アトリエの帰りに大きな本屋さんで画集を見ることでした。そのころは、図版がカラーではなく白黒であったが自分の制作した作品に比べ、すべてが圧倒される迫力を感じたものです。そんなある日、自分の同郷の画家長谷川等伯の「松林図屏風」を画集で発見しました。桃山時代に水墨画で描かれたその作品は、何本かの松を描いた作品ですが、松と松の間の余白に空気を感じさせる深遠な作品でした。高校を卒業し、東京の美大に通い始め、日本美術史の講義で等伯や琳派の話に大変魅了されました。油画科の学生でありながら日本画に興味のあった私は、横山操展で絶筆作品に出合った時、体が震える思いがしました。それは、等伯の「松林図屏風」に通じるような深さと、脳卒中の後遺症で左手に筆を縛ってまで描いた作者の魂が感じられたからです。また、同時期に鑑賞したプラド美術館展のスペインの画家が描いた静物画、アメリカのアンドリュー・ワイエスのスーパーリアリズム的表現に油絵やテンペラ画でしか表現できないリアリティーに感銘しました。このように、子どものころの原体験が日本画的表現と西洋の表現を同時に受け入れる素地《そじ》を培ったと言えます。

現在まで、自分の創作する作品は日本画的な表現と西洋的表現のはざまで揺れ動き、写実と装飾性を生かした「戸澗幸夫の世界」が少しずつ方向が見えてきたように感じます。

戸澗幸夫作『ニューヨークは語る』F100号油彩画

　このような創作活動とともに大切にしているのは、図画工作・美術・表現造形活動の指導です。子どものころ、絵を描いたりものを作ったりすることに夢中となり、そのことで自己有能感を感じたり、心が癒やされた思いが強いからです。教育は子どもの可能性を保証することだと考えていますが、芸術に才能のある子の芽を摘まないことは当然ながら、絵を描いたりものを作ることにより創造性や発想力、遊びの中で友達と協力して何かを表現するなどの協働性、計画性などを培う表現造形活動は、芸術を通して学びが広がる子どもにとって大切な活動と言えます。創作をするとき、芸術家であれ子どもであれ「感動をハートにろ過してアートに」が大切だと考えます。つまり、五感を刺激し感動したことを自分の心を通して自分の思いや願いを自己表現することが芸術であると考えるからです。そして、造形表現の指導では、４Ｈをはぐくむべきと考えます。Heart・Head・Hand・Happinessの四つであります。心、頭、手、幸福感です。上の三つで3H教育を唱える人は多いのですが、あえて私は四つ目の幸福感を入れたいと思います。自分が幸福だと感じている人は、人を妬《ねた》むこともなく人に親切にできるからです。また、自分を傷つけるような行為もしないからです。人を人とは考えない卑劣な行為や犯罪をなくすためには、常に幸福感に満たされる教育の必要性があると思います。幸福感を感じるような題材を多く取り入れ環境作りすることが重要と思います。

将来、保育現場で働こうと考えている学生には、「感動をハートにろ過してアートに」が具体的に遊びの中の造形活動に生かせるよう、また、4Hがバランスよくはぐくまれるような指導力が身に付くように演習・講義を工夫しています。そのためには、学生の美術に対するトラウマ（心的外傷）をなくしたいと考えています。とにかく、子どもの時のように絵を描いたりものを作ることがこんなに楽しいのかと思い出してほしいと願っています。そして、作品が仕上がった時、自分にもこんな素晴らしいものができるんだという自己有能感や達成感を感じてほしいものです。また、その自信が次の授業では何に挑戦できるのか期待感が持てるようにしたいと考えています。そのことを可能にするためには、常に新鮮でタイムリーな題材、いろんな技法・技術の体験、いろんな素材による制作に心掛けています。

また、子どもが夢中になって活動するためには、大人の顔色を窺《うかが》いながらの活動ではなく主体的な活動ができる環境作りが日ごろから大切になります。そのためには、言葉掛けが重要ですが肯定的言葉掛けに心掛ける必要があると思われます。子どもが意図的に工夫している点を活動を観察している中でとらえ、その部分の良さを褒めることによって僕・私のことを分かってくれているという安心感が生じ、自分の思いのままにやればよいのだという主体的活動に結びつくからです。そのことを自然に理解させるためには、学生が制作しているときに同じように肯定的言葉掛けに心掛けるようにしています。

保育現場で、「今日楽しかった」「やっとできた」「私の描いたの見て」「僕のいいでしょう」「またやりたい」「できたの家へ持って帰っていい」など造形活動の楽しさが伝わる言葉が多く聞こえることを願って教育・研究をさらに深めていきたいと思っています。

音楽を感じる教育

幼児教育学科教授　**長井春海**（音楽教育）

私は一九六六（昭和四十一）年四月一日付で幼児教育学科の助手として奉職することになりました。幼児教育科当時のメンバーは巣山菊二先生、山岸正先生、岸井勇雄先生、青柳三郎先生が申《さる》年生まれ、吉永トシ子先生が未《ひつじ》年で申年に近く、金田利子先生は寅《とら》年と幼児教育科申年軍団最年少乙女申の七人です。全国数ある音楽大学の中で国立音楽大学音楽教育科二類専攻（リトミック）からの採用を決めてくださった初代学長・田澤康夫先生はリトミックについて深いご理解をお持ちの方と推察いたします。

リトミックは、スイスの音楽教育家であり、作曲家でもあったエミール・ジャック・ダルクローズ（一八六五～一九五〇年）によって創案された音楽教育方法です。ダルクローズがソルフェージュ学習の基礎訓練としての音楽の身体運動表現法をリトミック（Rythmiqus）と呼び、音楽の美的感動的体験の基礎条件として理論化したものです。演劇界では小山内薫氏、舞踊界では石井獏氏、体育界では天野蝶氏らがその影響を受け、すでに日本で行っていましたが、まだ専門家養成機関がありませんでした。一九六二（昭和三十七）年に小林宗作先生（窓際のトットちゃんの先生）や板野平先生が中心となってリトミック専攻が生まれ、私はその一回生となったのです。

ではダルクローズの方法の一端をご紹介したいと思います。

まず、音楽の基礎として音譜を読むことについて考えてみましょう。文字が読めなくても言葉を話すことができるように、楽譜が読めなくても音楽を楽しむことはできます。しかし文字を知ることによってさらに広い世界が開かれます。しかし文字を読むこととはただ単に音声として棒読みするだけでなくいろいろな表現が必要となってきます。同様に音譜を読むとは単に音に出すだけでなく、その音譜に含まれた表現を読み取らなくてはなりません。

ちょっと体験してみてください。

一、初めにドレミファソラシドと音階を①一定の速さで歌ってみてください。次に②スキップのリズムで音階を歌ってみましょう。次に③スキップで動きながら歌ってみてください。単に音階を歌うことが、リズムを変えたり、身体を動かしながら歌うのとでは異なった感覚を覚えたでしょう？　②と③では③の方がワクワク感を強く意識できたでしょう！

二、④ドレミファソラシドと声を出して歌ってください。すると身体がなんとなく広がっていく感じがしませんか？　もし、感じられないようでしたら両腕を音階の声に合わせてだんだん広げてみてください。身体が開いて宇宙に広がっていく感じがして、気持ち良いでしょう！　では下降音階ドシラソファミレドと歌いながら広げた手をだんだん下げていく動作を行いましょう。どんな感じがしましたか？　次に⑤両手を上から下へ下げながらドレミファソラシドを歌い、両手を下から上に上げながら下降音階ドシラソファミレドと④の反対の動きをしながら歌ってください。どんな感じがしましたか？　あなたは④⑤どちらの動きが心地よく感じられましたか？

三、⑥音階をドレミファソラシドとクレッシェンドに歌い、ディミヌエンドで歌いながら下りてください。⑦音階をドレミファソラシドをディミヌエンドで歌いクレッシェンドで歌ってください。⑥と⑦のどちらが歌いやすかったですか？

このように身体を動かすことによって、音楽と身体の感覚が意識知覚されるでしょう。音楽反応運動によって自らの身体運動感覚を覚醒《かくせい》させ、身体にわき起こった感覚を表現することを目的とした音楽教育方法とも言えるでしょう。ただ単に知識や情報としてリトミックを知るのではなく、実際に体験していただきたく実技編を書いてみましたが、ダルクローズの音楽教育法についいてご理解いただけたのではないかと思います。

さて、授業では「学生自身の表現力を高めること」と「保育現場で音楽表現活動に適切な援助ができる力を持つ保育者を養う」という目標を掲げて学生に接してきました。子どもたちに適切な援助ができる保育者とは保育者自身に音楽能力が備わっていなければなりません。

一年次の保育内容の研究（保育と音楽表現）の授業では、ここ数年、十二月に新潟市子ども創作活動館でクリスマスお楽しみ会を行っています（新潟市の依頼を受けて学生の発表の場となっている）。学外発表ということが学生の意識を高め、音楽表現能力も養われる機会となっています。また、基礎能力の向上とともに催し物をやり遂げた達成感と充実感を体験し、制作過程の経験が学生相互の理解と協調を深め、社会性が育つ場となっています。

二年次には、だいしホールで学生が「ジェルメコンサート」と名付けた連弾コンサートを行っています。ジェルメとはフランス語で〝芽生える〟という意味だそうです。九年前に一学生が「器楽の授業で習ったピアノ演奏をおばあちゃんやお母さんに聞かせたい」と始めた演奏会です。平成十九年度で九回目を迎えました。ピアノ演奏経験のない学生がクラスの約三分の一を占めていますが、一緒に演奏したい者同士ペアーを組み、自ら選曲をし、自主公演を行っています。私もその手伝いをしていますが、個々の持つ宝物が磨かれていくように、学生自身が自分の可能性に向かって練習を重ね、迷いながらも成し遂げる力には圧倒され、敬服し、勇気をもらいます。そして豊かな音楽が会場に響き渡るとき、客席で学生との出会いを感謝し、至福のひとときを過ごさせてもらっています。

ダルクローズの理論を取り入れた音楽教育方法について長年模索を続けてきましたが、このごろちょっと光が見えてきたように思います。

芸術は長し。これからも精進したいと思っています。

Niigata Women's College 45th

第2章

国際・言語・教育

二十歳のころ

国際教養学科教授　黒田俊郎（国際政治学）

一浪して大学に入ったのが二十歳。県短に拾ってもらったのが三十五歳。今年五十歳だから、大ざっぱにいえば、十五年を学生として過ごし、十五年を教師として送ってきたことになる。あまり教師としての自覚はなく、好きなことを好きなように学び教えて、三十年が過ぎてしまった。語るべきこと多き人生とはいえないが、与えられたこの機会に、一人の教師との出会いを語りたい。彼と出会わなければ、私は今こんなふうに生きてはいなかっただろう。時は一九七八（昭和五十三）年。二十歳のころの思い出である。

教師の名は、桐谷幸治。中央大学法学部で英語を教えていた。先生（以後こう呼ばせていただく）は、十九世紀末のイギリス詩が専門で、当時、「思想と文学」というテーマで教養ゼミを開講していて、なかなかの人気ゼミだった。私が運良く潜り込めたのは、入ゼミ試験の際、たぶんそのころよく読んでいた安部公房の小説を取り上げたからだと思う。

一年間のゼミは、ニーチェの『悲劇の誕生』で始まり、思想的にはベルグソン、サルトル、カミュをへてレヴィ・ストロースへと、さらにマルクス、フロイトからライヒ、バタイユ、マルクーゼへと進み、文学的には戦後の日本文学、特に野間宏、坂口安吾、太宰治、石川淳、埴谷雄高から三島由紀夫、安部公房、大江健三郎、倉橋由美子を中心としながら、その文学に大きな影響を与えたドストエフスキー以後のヨーロッパ文学（カフカ、ウルフなど）が取り上げられた。先生はわりと新しがり屋のところもあったから、当時話題となっていた筒井康隆や村上龍の小説がボネガットやガルシア＝マルケスの作品と一緒にゼミのテキストになったりもした。

先生の詳細な解説つきで、ワーグナーの『トリスタンとイゾルデ』を聴き、シュールレアリスム絵画を観たことが、今ではとても懐かしく思い出される。一年間の正規ゼミが終わった後も（ゼミ論はカミュ！）、月に一度の自主ゼミと春夏の合宿が続き、卒業後もゼミの仲間と一緒に年一、二回、先生を囲んで小説や映画の話をしてきたので、先生と一緒に読んだ本、一緒に観た映画、共に聴いた音楽は、少ないようでいてかなりの数に上る。

先生は、小説や映画の話をするとき、うわさや評判には決して左右されなかった。いつも自分で読み、自分で観たうえで、自分の意見をストレートに語ってくれた。だから、学生にも同じことを要求し、私たちが自分の言葉で話してさえいれば、たとえそれがどんなに未熟なものであっても、それに対しては、とても寛大だった。

大学四年の春、自主ゼミでエリオットの『荒地』を読んだときのことは、とりわけ強く印象に残っている。前年、先生と観た映画『地獄の黙示録』が、この詩を読むきっかけとなった。ベトナム戦争を題材とした映画のクライマックス・シーンでマーロン・ブランド扮《ふん》する主人公が呟《つぶや》くせりふがエリオットの詩『うつろな人間たち』から取られたものであり、またこの詩のエピグラフに引かれているコンラッドの小説『闇の奥』が、この映画の下敷きになっていることからしても、映画を読み解く鍵はエリオットにあるのではないかということになって、とりあえず彼の詩のなかでも最も有名な『荒地』を読もうということになったのである。

先生は、この詩を読むなかで、詩を読むことの現代的意味、すなわち現代詩の難解さと取りつきにくさ、そしてそのことの固有の意義を論じられ、参加したメンバーは、先生の助けを借りて原文をたどっていくうちに、わずか四百数十行の詩のなかに過去数千年の人類の精神史が圧縮されているのに気づき、詩的表現の持つ暗示力の大きさに圧倒されたのである。詩を読むこととは、現代においては、自己の認識を掘り下げ、それにより現実とのかかわりあいを検証することであり、つまるところ精神の自由と独立を守ることなのだという先生の言葉は、今も私のなかにある。

その後、図らずも大学教師となり、国際政治学を生業とするようになったのだが、私が目標とする国際政治学とは、政治現象のなかに現れる人間・歴史・思想に関心の主軸を置いた人文主義的な社会科学としての国際政治学であり、その実践的含意は、暴力に対抗する政治の言葉をいかにして構築するかにあるのだが、そのような私の学問的嗜好《しこう》の原点には、桐谷幸治という大学教師と出会い、そのゼミに参加し、仲間たちと夜を徹《てつ》して語りあった、そんな二十歳のころのゼミの風景があるのである。

先生は、八九（平成元）年三月、五十代半ばで急逝された。昭和が終わり平成が始まった年である。私は、その年の夏、革命二百年祭にわくパリへと旅立ち、同じ年の秋には、先生がかつて学んだヨーロッパで、ベルリンの壁の崩壊と冷戦の終焉《しゅうえん》を目の当たりにすることになったのである。以来、主にフランスの政治と国際関係思想を題材としながら、ヨーロッパ的な政治の本質についても関心を持つようにもなった。フランスから帰国後、新潟に赴任し、教師としての試行錯誤が始まったことを思えば、八九午春、先生の早すぎた死によって、私の学生時代もまた終わろうとしていたのかもしれない。

グローカル理解のすすめ—新潟から世界へ—

国際教養学科教授　若月　章

県立新潟女子短期大学国際教養学科に在職してからすでに十五年がたちました。新潟で生まれ、高校卒業までは新潟県内で育った私ですが、後に新潟県内の大学で職を得ることになろうとは夢にも思いませんでした。県外の大学へ進学するまで親の仕事の関係から新潟から外にほとんど出てゆくことのなかった自分でしたが、それだけにいつのころからか学校で配布された社会科や地理の副教材用の地図帳や地球儀を眺めてはまだ見ぬ外の世界に思いをはせるようになりました。暇さえあれば近くの書店や図書館で海外事情を扱った書籍や世界旅行記を手に取り、またとりわけ当時毎週日曜日に民放で放映されていた旅行ジャーナリスト、兼高かおるさんの「兼高かおる世界の旅」やドキュメンタリー映像作家、牛山純一氏の「すばらしい世界旅行」、NHKの海外特派員報告などを毎週欠かさず視聴したものです。そのせいか、いまでも私に世界への興味をかき立ててくれた各番組のテーマ音楽が記憶に残っています。書籍では町の書店で偶然見つけた小田実著『何でも見てやろう』(河出書房新社)でつづられた旅行体験の極意は今でも時代を超えた私のバイブルになっています。当時は海外旅行など地方の若者はもちろん、庶民にとってはまだまだ高嶺の花の時代だったと思います。高校入学後は世界の国々の民族の文化、風習、宗教、儀式、民俗や国際情勢に強く興味を抱くようになりました。

そんなことから、当時は国際関係学部などを設置する大学がほとんどなかった時代、進学先に迷わず選んだのが県外の外国語大学(University of Foreign Studies)でした。そこで選択した語学は、フランス語。しかし語学学習を続けるうちにフランス語圏がフランス本国のみならず、ベルギー、スイス、カナダのケベック州のほか、アフリカ、中南米、東南アジア、南太平洋の島々にも広がっていることを知ることで、フランス語を通して世界に対する視野が一層広がっていきました。中でも現代フランス政治外交を学習する中で、アルジェリア戦争やベトナム戦争をはじめ、第三世界の諸問題や植民地問題に関心が移り、当初勉強させられた語学や文学よりも国際政治学、国際関係論、現代外交史、地域研究など社会科学に傾倒していきました。特に一九七五年当時、サハラ以南アフリカ(ブラックアフリカ)でいまだ多くの植民地が残存していることの衝撃はとても大きかったようです。早速国際政治学のゼミに入り、卒論では現代アフリカのナショナリズムを取り上げ、さらに学習を継続する希望が湧き、他大学の大学院に進学することになりました。政治学や国際関係論を主とする社会科学の基礎的勉学をもう一度やり、疑問とする内容をとらえなおしてみようと考えたからです。社会科学系の大学院に入学後は、国際関係論とともに実証的なアフリカ地域研究にはまり、日本から見て地球の反対側に当たる南部アフリカの民族解放運動に目を向けることとなり、ついに地球の反対側にまで知的な学習の旅が続きました。そこで出会ったアフリカ研究者から「アフリカで発生している諸問題、とりわけ域内の国際紛争はそもそもヨーロッパ列強によって線引きされた国境の問題に集約される」ことを教えられ、ここで国民国家とは一体何かという根本問題にぶち当たりました。世界の一部では国家主権によって交流が阻まれるばかりか、偏狭なナショナリズムによって民族同士が争っていることの不条理を深く考えていくことになります。国家を自明の理とする国際社会のとらえ方に強い疑問を抱かせられたわけです。さらに地球の反対側まで学的な旅をしてきた私でしたが、これからなおアフリカ地域研究を継続する上での物理的な距離も次第に痛感、また現地のアフリカの人々と交流を重ねる中で、「アフリカに関心を寄せてくれることは大変うれしいが、あなた方の国、日本周辺にももっと喫緊かつ深刻な国際課題が山積してはいないか」との問いを突きつけられ、そのときの私にとっては強烈なショックでした。

ちょうどその時、重度の腰痛に見舞われ、かかりつけの専門医の助言によって、郷里の新潟で約三カ月の入院を余儀なくされました。すでに触れた研究課題を背負っての絶対安静のベッドでの療養生活。その際に知るところとなったのが北東アジアも例外ではなかった戦後東西対立の構図の中で、戦後日本外交が最も手を焼き、いわば日本自身の対外関係のアキレスけんにまでなっていた日本海対岸諸国のソ連、中国、韓国、北朝鮮、モンゴルと着実な国際交流を展開していた地域としての〈新潟〉の存在でした。主権国家の窓口を通さず、地方自治体、企業、非政府組織（NGO）など地域社会の非国家アクターが地道に進める地域間国際関係の構築の実践事例がそこにはありました。しかもアメリカの地方自治体をも巻き込んでの巧みな等距離かつ多角的な地域主導の外交展開でした。郷里新潟を離れ、国際関係論の学習にのめりこみながら、足元を看過してきてしまった自分に気付き、覚醒させられた思いでした。世界を見ることと同時に足元を見ることの大切さです。平和構築を検討する上での民際外交の存在意味の大きさです。さらに地域の国際政策には壮大な理念と指針を地域社会の関係者が共同で練り上げ、具現化していることも後に知ることとなりました。それが「環日本海交流構想」でした。

冷戦のただ中にある北東アジアの文字通りの半閉鎖海域、日本海（東海）を「緊張と対立の海から平和と交流の海に！」との理念です。当時、県内では新潟大学の学内で学部横断型の新潟大学環日本海研究会が定期的にもたれていること、そして活発な研究報告と議論が展開されていることを博士課程在学時の恩師、中原喜一郎先生（国際関係論）から伺うことができました。そのとき、新潟大学でのまとめ役が法学部で国際政治学の教鞭《きょうべん》をとっておられた多賀秀敏教授（現在、早稲田大学教授）でした。早速、新潟大学の研究会にも参加。メンバーの渋谷武（政治学）、古厩忠夫（歴史学）、ト・ツァオエン（経済学）、清水登（社会言語学）、櫛谷圭司（地理学）らの各先生方から語り尽くせぬほどの数々の研究上のご教示をいただきました。若かりしころの人生における人との出会いの大切さを深く感じます。

以後、環日本海（北東アジア）研究に没頭、東京や県内の各大学で教鞭をとりつつ研究生活を続けている最中に、おりしも新潟県から県立新潟女子短期大学に新設予定の国際教養学科の専任教員のお誘いがありました。その際、関係者から説明があった内容が国際研究とあわせ、環日本海研究などの科目群を開設し、学科の特色として内外に強くアピールしたいとのことでした。北東アジアの懸け橋となる人材の育成です。それから後は、本学で国際関係論や環日本海事情論の教鞭をとりつつ研究生活を続けています。

現在の研究テーマは①国際社会や北東アジアにおける新しい国際地域圏形成の可能性　②環日本海地域各国の政治、社会および国際関係　③環日本海地域の国際交流の歴史と現状　④地域社会での多文化共生社会の実現などですが、大学の授業では常にグローカルな視点の大切さを説いています。すなわち、Thinking globally, acting locally !（= Thinking locally, acting globally !）の視点です。例えば、新潟県内を〈北緯三八度線〉が横に走っています。新潟を起点に世界地図上で三八度線の旅を続けるとそこでは日本海（東海）の向こうの朝鮮半島の三八度線（軍事分断線）だけでなく、東西南北の文明・文化が交錯するさまざまな歴史や国際情勢の重要な現場に出合うことが分かります。こんなことからも新潟発による国際学習の展開が可能です。

もちろんその際には、思考力や想像力を大いに働かせることが不可欠でしょう。さらに好奇心と五感（視覚・聴覚・嗅覚《きゅうかく》・味覚・触覚）プラス直感をフル稼働させながら可能な限り海外体験を数多く在学中に積んでおくことの意義を自らの体験も交えながら学生諸君にこれまで熱く語ってきました。実践的な異文化体験と国境を越える体験です。キャンパスの中だけでなく、内外社会そのものが学習の場です。私自身、昨年末も早稲田大学の共同研究の一環として中国および東南アジアでの越境協力や交流の実地調査のため、さまざまな地点での国境視察を行い、アジアでダイナミックに変ぼうしつつある現場に立ち合いながら、国家を超えた新たな動きを確認することができました。このような国境を越えた隣接地域間相互の交流の動きは今後北東アジアでも深く進展するに違いありません。

二十一世紀は「日本海大交流時代」の第二の幕開けです。そして幾多の課題を克服し、既に先行するヨーロッパや東南アジアと同様、近い将来、北東アジアにも開放的な地域協力の枠組みが具体的にできあがり、より開かれた地域主義の形成のうねりへと発展する可能性がきっとあるはずです。その際には、新潟は北東アジアから世界へと続くグローカルネットワークの拠点作りがいよいよ試されるでしょう。

二〇〇九年四月、新たに新潟県立大学が誕生する運びとなりました。新設大学の目指す指針の一つに北東アジアにおける新潟県のポテンシャルの向上の一翼を担うことがうたわれています。北東アジアにおける新潟県の地域的優位性と国際的拠点性を最大限に生かしつつ、教育や研究の拠点大学として広く国際社会に開かれた新たな地域としての〈ニイガタ〉を創造することが一層求められていくことでしょう。これからも北東アジア地域との交流のあり方や国際的な諸課題の対応と克服策を学生とともに考えていきたいと思っています。

英国で見つけたパブ・サイン『ブラック・ボーイ』

英文学科教授　澁谷義彦（イギリス文学）

イギリスの一大観光名所である大学都市オックスフォード近郊にヘディングトンという名の古い町があります。今でも十五世紀ごろに建てられた聖アンドリュー教会をはじめとして年代物の建物が平然と残っています。町並みのところどころには、パブがあります。パブ（pub）とは〝public house〟という居酒屋の略称で、イギリスではどんな町にも必ず一軒はあるといわれています。また、その看板（パブ・サイン）も大変ユニークなことで知られています。ヘンリー八世やヴィクトリア女王などの肖像画、王家の紋章や守護聖人の絵、ロビン・フッドやフォールスタッフなど伝説や文学作品に登場するキャラクターの絵、馬やアヒルなどの動物の絵、古いフォークダンスであるモリスダンスのダンサーや昔の職人などの絵といったふうに、歴史と郷愁（あるいは考古癖）、ユーモアと風刺（あるいは自虐）、さらにはファンタジーなどさまざまな文化的要素が入り交じった万華鏡のようなものです。

町の中心部のオールド・ハイストリートとバートン通りの交わる角に〝The Black Boy〟という名前のパブがあります。その名前の下には煤《すす》だらけの顔をした少年がモップを持って立っている絵が描かれています。少年の足元には布製の袋のようなものが置いてあります。日本では飲食店の看板には決してなり得ない何とも趣味の悪い不気味な印象を与える絵です。いわゆる、

〝The Chimney Sweeper〟とか〝Chimney Boy〟、あるいは体中が煤で真っ黒に汚れているので、〝The Black Boy〟とも呼ばれた煙突掃除夫の少年の絵です。

近年まで暖炉が主流であったイギリス人にとって、家々の屋根には必ずといっていいほど煙突がありました。二百年前にはこの煙突は細く、各部屋の暖炉とは複雑につながっていたので、煙突掃除の仕事は不可欠なものでしたが、職業的には大変低く見られていました。また、十八世紀から十九世紀初めごろには、体が小さくて細い煙突の中に入るのに都合の良い四―六歳ごろの子どもが使われていたのでした。

1998年7月筆者写す

このような子どもたちには親がなかったり、中には小さいうちに貧しい両親によって掃除夫の親方に売られた子どももいたようです。彼らはロバに乗った親方の後について「煤払い、煤払い」（'weep, 'weep）と家々に声を掛けながら村中を練り歩きました。呼び止められれば、煤まみれになりながらブラシで煙突の煤を払い、それを布製の袋に詰めたのでした。煤が人体に与える影響など全く無視したこの過酷な労働環境の中で彼らは親方に酷使され、乱暴され、人々からは最低の労働者と軽蔑《けいべつ》されました。おまけに、食事も休息も満足に与えられませんでした。皮膚がん、呼吸器官の障害、奇形などのさまざまな病気にかかり、幼くして死に至ることが多かったようです。

イギリスでは十八世紀末あたりから子どもの就労を規制する法律が強化され、一八七五年には少年労働搾取が法律で完全に禁止されることになります。その後、新しいブラシが発明され掃除夫の危険な作業も減り、煙突掃除夫のイメージも前より良くなったようです。それにしても、イギリスが十八世紀末の産業革命によって農業国から工業国へ変わり、十九世紀の繁栄の時代へと突き進む中で、貧しい階級の子どもたちの人権が守られていなかった時期があったのです。興味深いのは、このような過去の負のイメージをパブの看板に保存するイギリスの伝統ないし国民性です。イギリスは個人主義の国であることを再認識させられます。

ヘディングトンのパブ〝The Black Boy〟については、この町のホームページの中でも看板の絵の写真とともに紹介されています。このパブは十七世紀末には〝Old Mother's Gurden's〟という旅籠《はたご》（inn）として存在しており、十九世紀半ばには〝The Black Boy〟の名前になっています。現在のパブの建物は一九三七年に建てられています。その際、入り口の上の壁龕《へきがん》に、黒人奴隷少年の像が彫られたのでした。これは十七世紀ごろにコーヒー・ハウスの看板によく描かれた絵でした。その後、一九九〇年にポリティカル・コレクトネス（PC＝政治的妥当性）の立場から、由緒あるパブの名前〝The Black Boy〟が残されたまま、より妥当（？）と思われた煙突掃除夫の絵になったということのようです。一九九七年に、この絵が人々を不快な気持ちにさせるという理由で、近くのオックスフォード大学の学生たちがパブの名前を別のものにするように運動しましたが成功しませんでした。パブのオーナーは伝統的な名前を変えませんでした。

〝The Black Boy〟という名称自体はイギリスのパブやイン、ホテルなどに珍しくなく、必ずしも黒人奴隷少年や煙突掃除夫に由来するものではありません。古くはたばこ屋が通称〝Black Boy〟と呼ばれていたことから、その後パブに変わっても同じ名称を使っているというところもあるようです。そのほか名称の由来が分からない場合も少なくありません。しかし、イギリスは十七世紀後半から十八世紀にかけて、多くのアフリカ黒人を奴隷として南北アメリカに運んだ中心的な国でした。いわゆる奴隷貿易です。自由主義的・人道主義的立場からイギリスで奴隷貿易が廃止されたのは一八〇七年になってからです。しかし国内外において人種的な差別はその後も長く続きました。世界的に人種差別撤廃が叫ばれて久しい今日、〝The Black Boy〟という名称に不快感を抱く英国人が増えていることは至極もっともなことと言えます。

このパブの看板はイギリスの産業が急速に発展した時期の負の過去を記憶しています。イギリスの社会はいまだに階層社会の側面を持っており、人種差別も現存するとよくいわれますが、人通りに面したパブの看板としてこのサインが妥当であるのか確かに疑問に感じます。しかし、過去の負のイメージをあえて消し去るのではなく、反面教師的にさらけ出しているとすれば、そこには過去に学ぼうとする哲学があると言えます。「過去を記憶できない者は、同じ過去を繰り返してしまう」とはアメリカの哲学者・詩人ジョージ・サンタヤーナの有名な人類への警鐘の言葉です。このユニークなパブが今後どのような運命をたどるのかを見守りたいと思います。

〈参考文献〉
（一）松島正一編『対訳　ブレイク詩集－イギリス詩人選（四）－』（岩波文庫・二〇〇四年）
（二）松島正一『孤高の芸術家ウィリアム・ブレイク』（北島書店・一九八四年）
（三）櫻庭信之『英国パブ・サイン物語－酒場のフォークロアー－』（研究社出版・一九九三年）
参考にしたヘディングトンのホームページ　http://www.headington.org.uk/（最終アクセス二〇〇八年四月八日）

リユニオン・パーティーへ向けて
―米国ミネソタ研修の取り組みについて―

英文学科准教授　小谷一明（アメリカ文学）

私が立教大学の渡辺信二教授とミネソタ海外研修を始めたのは、大学院生のころでした。立大に大学公認の研修授業がなかったため、渡辺教授は研修プログラムをニューヨーク州イサカで立ち上げます。一九九五（平成七）年からミネソタ州セントポール市にあるベセル大学のポール・リーズナー教授と現在のプログラムを開始しました。私が二〇〇〇（同十二）年に県立新潟女子短期大学に着任した時は、この研修をぜひ紹介したいと思ったものです。しかし聞いてみると英文学科は前年に三種類の海外研修を行っていました。一年生百人からなる学科が、これほど多様なプログラムを用意していることに驚いたことを今でも覚えています。イリノイ州カーボンデール、カナダ（もしくはハワイ）、英国の研修は、期間が一カ月を優に超えるものもあり、学生は選択に苦慮するほどでした。英文学科は九六（同八）年から大学公認の海外英語研修を行い、単位認定をしていたのです。

このような英文学科の研修実績を前にして、ミネソタ研修を紹介したいという熱意もなくなりました。二〇〇二（同十四）年からロンドンとケアンズの研修指導、引率を担当することになり、この中で私はミネソタ研修との違いに気づくようになります。それはホームステイでした。英国研修では夏期の旅費、地理的な条件から学生を寮に泊めるしかありません。オーストラリアではコーディネーターの紹介する家に学生が泊まりましたが、「一人一家族」の原則ではなく、多くは二人の学生が一家族と生活していました。また学生の宿題を家族と一緒にやらせるとか、講義のテーマについて家族と議論をさせるといった研修プログラムとホームステイの関係付けが希薄でした。それでも英国やオーストラリアの研修に参加した学生の満足度は、おおむね高かったと思います。そのためミネソタ研修をやろうという気持ちはしばらくの間、起こってきませんでした。しかし、当時いらっしゃった関昭典先生が、突然ミネソタ研修をやってみたらとおっしゃってくれました。それに対し自然と「学科会議に提案してみる」という言葉が、私の口をついて出てきていたのです。これには自分でも驚きました。関先生は私の心にくすぶるミネソタへの思いを見抜いていたようです。

〇四（同十六）年からミネソタのホームステイ研修（演習、二単位）の準備を始めます。私が立大の研修コーディネーターを辞めたあと、熊本学園大学も夏期の研修に参加するようになりました。そのため百人の学生を抱えた現地担当者が、夏に県短生を受け入れることは不可能だと連絡してきました。同数を超えるホストファミリーを見つけることに加え、家族を選定する時間的余裕がありません。現地プログラムを担当するリサやマークは、ホームステイ先の家族候補を対象に何度も会合を開き、私たちの研修意図を説明します。その上で学生の送るクエスチョネア（自己紹介資料）と照合し、受け入れ先を選びます。受け入れたい家族は参加者数を上回り、ホストファミリーに選ばれない家族は予備リスト（緊急時の受け入れ先）に入ります。学生を受け入れる経験は現地の家族にとっても貴重であり、その分だけホームステイの調整は大変な作業となります。このような事情から、夏のミネソタが最も理想的ですが、二月末から三週間半の研修をすることに決めました。〇五年、夏期英国研修に二十六人が参加しました。春の研修にはオーストラリアとミネソタの選択肢を用意しました。どちらも私が担当し、多くの学生が集まった方に私が同行します。最大の違いは前者が気温三〇度を超える南国であり、後者は零下二〇度の北国です。予想を裏切り、結果はミネソタに二一二人もの学生が集まりました。水着の準備を考えていた私は、すぐに心の衣替えをしなければいけませんでした。

冬のミネソタ…。企画準備を始めたころは不安でいっぱいでした。しかし二月から三月中ごろまではベセル大生がまだキャンパスにいます。ベセル大生とのペア学習を行い、心理学や第二言語習得の授業（TESOL）に参加する利点がありました。夏期はキャンパスに学生がいないため、こうした企画を立てることはできません。次第に春期の方が、教育的効果は高いことが分かってきました。基本的なプログラムは週ごとに「教育」「多様性」「ファミリー」の学習目標を掲げ、家族、大学教員、上院議員、教育関係者らによる講義やパネル・ディスカッションを行います。授業（ESL）のテキストはこのスケジュールに合わせて作られ、学生は講義や学外実習先で使用される語彙《ごい》や内容の予習を行います。帰宅後はホームステイ家族への質問やインタビューを通して復習します。午後のフィールドトリップでは、日本の文化紹介を行う小学校や老人ホームのほかに、黒人専用劇場、裁判所、移民学習センター、環境保護センターなどを選んできました。研修の成果は卒業スピーチや記念誌「イヤーブック」の執筆、研修報告書で示します。記念Tシャツも毎年作っています。

ベセル大学

ミネソタのキャンプ

真冬のキャンプと並び（?）、学生から最も高い評価を受けるのがホームステイの経験です。人とのふれあいが研修最大の成果であることは、英語を英語と意識しないコミュニケーションができた証しかもしれません。十年を超える研修実施により、受け入れ先のネットワークもかなり広がりました。異なる文化的背景を持つ者が互いに認め合う素地《そじ》が、ミネソタで少しずつ作られてきています。違いを相互に承認する寛容さこそ異文化理解の要であり、ミネソタンとケンタンはこれを十分に理解してくれました。寛容さは参加者に長～いストーリーをもたらします。県短から四年制大学になってもこの研修を続け、数年後には新潟へディレクターのリサを招き、リユニオン（再会）・パーティーを行えたらと思っています。そのときはみんなでそれぞれのストーリーを共有しましょう！

ことばと私、言語地図と私

英文学科教授　福嶋秩子（言語学・英語教育）

中高生のとき英語が好きで、もっと英語の勉強がしたいと思いました。しかし、大学で英文科に行きたいと思ったのはそれだけが理由ではありません。高校のときの担任だった英語の先生が授業中に英語の歴史について触れられたことがあります。英語とドイツ語、フランス語やラテン語とのかかわりについて話されたのです。その話を聞いて、大学に行って英語の歴史を勉強したいということが動機として加わりました。

大学に入学しましたが、学科への振り分けは二年になってからでした。英文科に行くつもりでいたところ、言葉の勉強をするなら、言語学という学問があるよと叔父が教えてくれました。英文科では、英語についても学びますが、英米文学などについても学びます。言語学科では、英語を含む世界のいろいろな言語について学びます。私は言語学科を選びました。

三年のときに何の気なしに受講した柴田武教授の言語学演習は言語地理学の実習をするというものでした。夏休みまでは言語地理学の方法についての学習と調査の準備、夏休みに調査、その後はデータの分析をします。この年は岩手県雫石での言語地理学調査でした。言語地理学では、何カ所もの地点で同じ調査票で調査をし、その結果を項目ごとの言語地図に作っていきます。各地点で一定の年齢層の人たち（例えば、六十歳以上）に尋ねるので、その言語地図はその年齢層の言葉を一覧したものになります。しかし、その言語地図の言葉の分布からその地域の言葉の歴史が読み取れるのです。

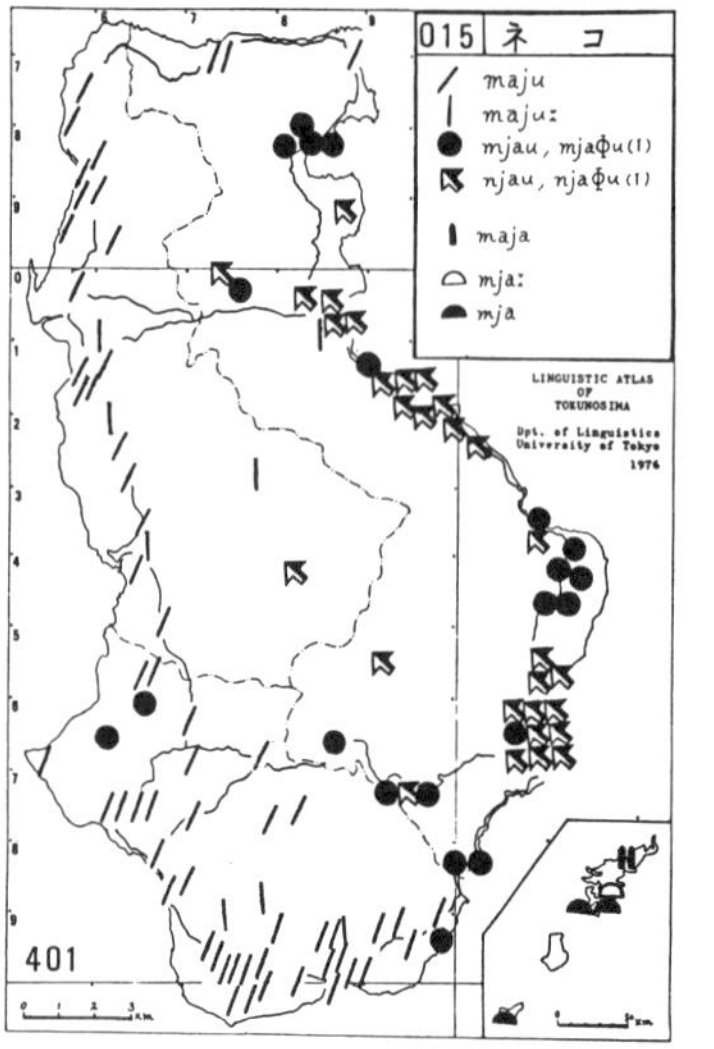

図１　「ネコ」の言語地図
（『奄美徳之島のことば』p.52より転載）

　卒業論文では、当初からの意志を貫いて文献を用いた英語史の研究をすることにしたものの、二年連続して言語地理学を受講した私は、生きている言葉である方言と言語地理学の面白さに引かれ、大学院に進むことにしました。その次のフィールドは鹿児島県の奄美《あまみ》徳之島でした。奄美は実は沖縄と同じ琉球《りゅうきゅう》方言の地域であり、日本語の多様性をさらに感じることのできる場所です。修士の大学院生として二年目の調査のリーダーを任され、さらに調査後の分析のまとめを出版しようと友人と一緒に教授に進言した私は、いよいよこの分野での研究に魅せられていきました。その最初の出版に含まれた言語地図の一枚が図1です。徳之島の「ねこ」の方言は、maju（マユ）からmjau（ミャウ）そしてnjau（ニャウ）へと変化しました。この変化は島の東海岸で起こり、周辺に広がっていきました。そのことがはっきりと示される地図です。

　図1の言語地図は、調査票を見ながら、紙の白地図にゴムのはんこを押して作りました。博士課程在学中に結婚し研究を続けていた私は、理系の研究者だった夫のアドバイスと協力で、パソコンで言語地図を作成するシステム（SEAL）を日本で初めて作りました。SEALの特色は、一枚の言語地図を描くだけでなく、複数の言語地図を総合する機能を持っていたことです。同じ地域の言語地図は、いろいろな理由から似たような分布を示すことがあります。例えば、その地域の地理的状況など言語外的条件で、一定の分布パターンが生まれます。文化的中心である地点Aを中心に新しいとされる語形が分布する、周縁の地点Bに古いとされる語形が残存する、などです。一方、音韻変化など言語内的条件で、類似の分布パターンを示すことがあります。この複数の言語地図の総合は、修士論文で広戸惇著『中国地方五県言語地図』所収の言語地図を分類・

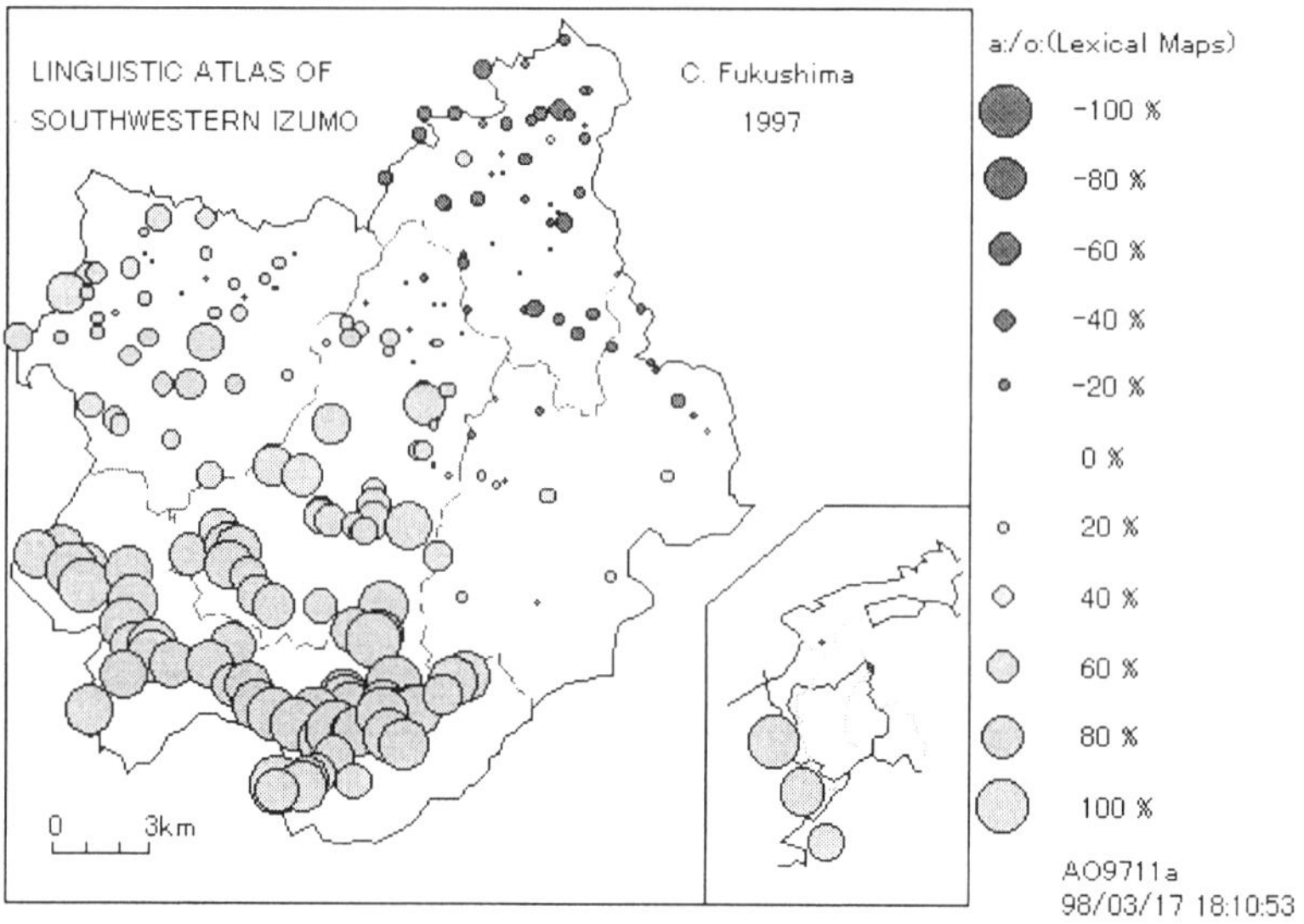

図２　かつてのau音を含む語彙の総合図（ホームページより転載）

分析したときに手作業で始めていましたが、実際に島根県の出雲西南部の山間地で調査をし、そのデータをまとめる中で、この手法の意義をさらに実感していたのです。この地域では、古くは〔au〕だった語が、北部は〔a:〕、南部は〔o:〕となることが知られていますが、その境界線は地図によりさまざまでした。図2は、関係する語を含む二十一項目をSEALで総合して描いた地図です。各地点で〔a:〕で現れるか、〔o:〕で現れるかを集計して、地図上に表しました。総合すると、南部の〔o:〕地域から北部に向けて〔o:〕が徐々に進出している様子が見て取れます。

SEALを発表した直後、夫の仕事の関係で、アメリカのミネソタに二年住みました。私は二歳の長女を保育園に預けて大学に通い、言語学や英語教育にかかわる授業を受講しました。当初日本語しか話せなかった長女は、

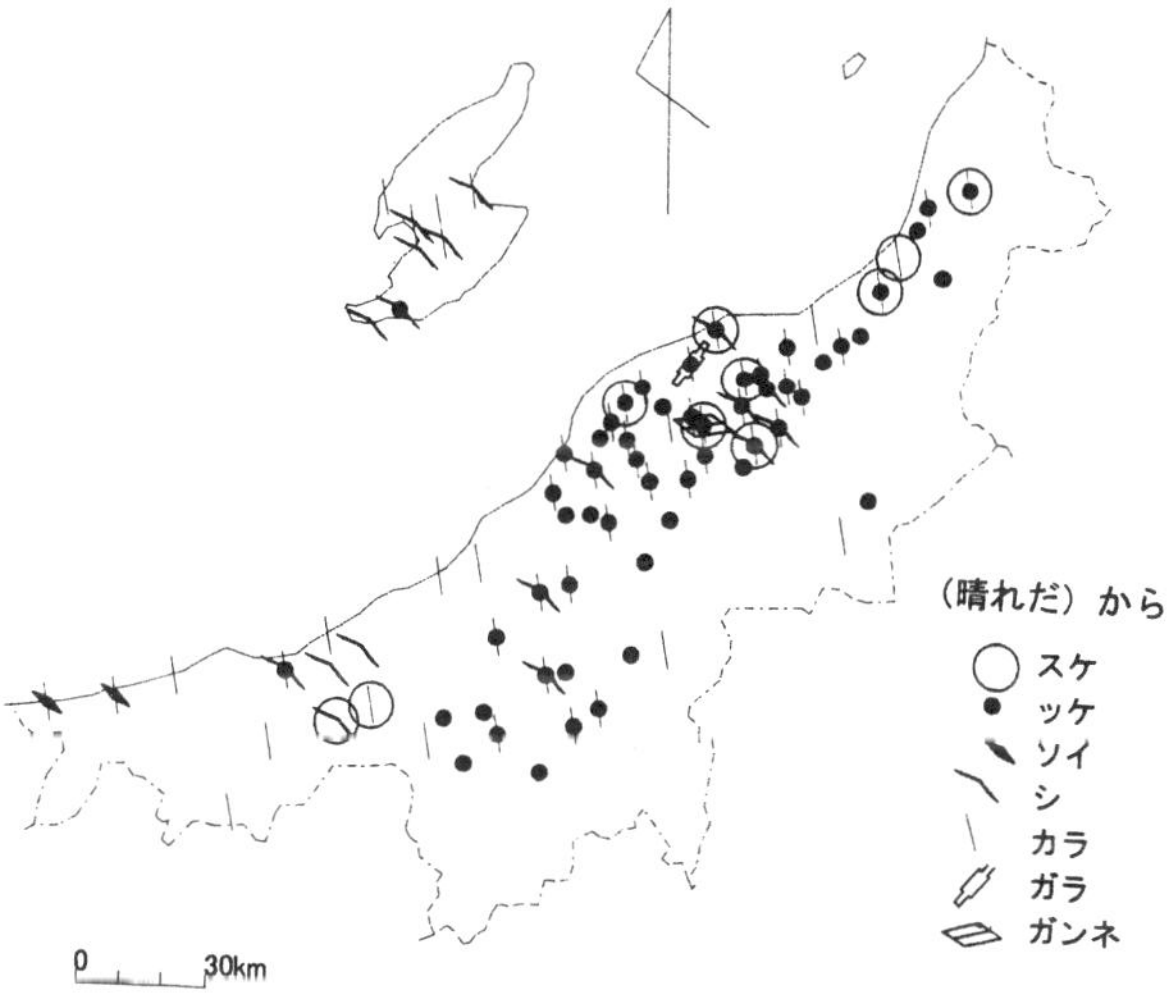

図３　新潟県の方言「短大生の方言」
（板垣俊一編『新潟県の地域と文化』雑草出版　p.20より転載）

徐々に英語を習得し、帰国するころには親が日本語で話しかけても英語で答えるという日英のバイリンガルになっていました。心理言語学の教授の指導を受けながら、定期的に長女との会話をテープにとりその言語発達の様子を分析しましたが、これは後に心理言語学の論文として結実しました。日本語の単語が英語に置き換わる過程や否定文の体系が日英両言語のパーツを組み合わせながら成長変化していく過程を見ることができました。その後、二女が新潟弁を保育園で習得する過程で、実は日本語の習得の場合でも同じことが起きているということを実感しました。

帰国後ほどなくして、県立新潟女子短期大学英文科に職を得ました。しばらくは英語学・英語教育の教育・研究に専念しました。転機となったのは国際教養学科の増設です。増設の中心となった飯田規和教授（後に学長）に依頼され、言語学と日本語概論の担当を始めました。同じころ、パソコンの進展に合わせてSEALの改訂とそれを用いた方言研究を再開しました。英語のイングランド方言地図や日本語方言の地図を作成しました。インターネットの普及とともにホームページを開き、最新版のSEALシステムとマニュアルのダウンロードができるようにしました。

共通語化が進みましたが、今なお方言は健在です。学生の方言アンケートの結果を地図化しました。老年層の言語地図と比べると、若年層の方言で新しい変化が起きていることが明らかです。

新潟の方言では「晴れだから（海へ行こう）」を「晴れダスケ」や「晴れラスケ」と言いますが、若者たちの中では「晴れダッケ」や「晴れラッケ」と言う人が増えています。図3は、回答者が育った合併前の市町村役場の位置に記号をプロットして作成しました。スケは新潟県の北部と南部に離れて分布し、そこにッケが覆いかぶさっています。かつてはスケがもっと広かったところへ、ッケが新潟県中部辺りから広がったのではないかと思われます。一方、二十数年前に当時六十歳以上だったお年寄りの方言を記録した『方言文法全国地図』のデータを地図化してみると（掲載省略）、全県にスケがあり、それ以外にシケ、スカ、スカイ、サケ、サゲなどがあります。これらすべて関西で使われているサカイから変化した形です。二世代以上の差がある二枚の地図を比べると、スケからッケへの変化が進行し広がったこと、新潟県西端の糸魚川・青海でソイが今も健在であること、若い世代では、関西系のシが広がってきていることが分かります。

日本語・英語という言語の違いも面白いですが、それぞれの言語の中にある方言の違いや個人個人の言葉の違いも面白いと思います。言葉というものは、最初の言語的環境の中で母方言・母語が習得され、その後、周りの言語のインプットを受けてさらに変化していきます。方言の習得も、外国語の習得も基本は変わりません。それが研究を続けてきた実感です。新潟県立大学は、英語をはじめとする語学教育が一つの特色です。生きている言語に囲まれ、それを使う中で言語を習得していく、そんな学習環境を整えていきたいと思っています。

英語教育と英語学習

英文学科専任講師　茅野潤一郎（英語教育学）

県立新潟女子短大着任前は高校などの教員でした。一生懸命に英語の勉強に励む生徒をサポートしようと私なりに努力してきました。その中で、必ず毎年誰かが私に質問します。

「英語ってどこまで覚えればいいの？　どれだけやればいいの？」

英語が苦手な人だけでなく、得意な人もこのように感じたことがあるのではないでしょうか。これは外国語学習の本質を突いている質問なのかもしれません。例えば歴史の勉強であれば、教科書を一冊覚えればひとまず「マスターした」と言えなくもありませんが、英語の場合は、教科書を覚えただけでネーティブスピーカーと対等に会話できるわけではありませんし、教科書に登場した語彙《ごい》（単語）も、まだまだ氷山の一角にすぎません。英語学習はいわば、ゴールテープがいつまでも見えない長距離走に参加しているようなものと言えそうです。

また、十代の人であればおそらく学校で英語を習っているでしょうが、例えば一週間のうち、英語に接している時間や英語を勉強している時間の割合はどのくらいなのでしょうか。きっとそれほど多くはないでしょう。授業が月曜から金曜まで毎日一時間あり、予習などに毎日一時間費やしたとしても、起きている時間（一日十六時間と仮定）のうち英語に接した時間は一一パーセントにすぎません。

わずか一割の時間で言語をマスターするのは誰にとっても簡単なことではありません。いっそのこと留学しようと考える人がいるのも無理もありません。しかし、これまでには、特に、インターネットも普及せず、衛星放送でCNNを見ることもできず、DVDで音声を切り替えて映画観賞することもできず、さらには留学することが夢物語であったような時代でも英語をスラスラ話せるようになった人は少なくありません。そのような人はどのようにして英語を学習したのでしょうか。このような観点から論を発するのが英語学習法であり、あるいは学習ストラテジー研究です。ここでは、私が関心のある研究分野のうち、二つほど取り上げてみたいと思います。

単語帳とどうやって付き合うか

多くの高校では、授業の一環として単語帳が配布され、その都度覚えるべき範囲が指定され、定期的に小テストが実施されているのではないでしょうか。毎回のテストで高得点を取る人もいれば、満足できる点数が取れず、徐々に投げやりになってしまい、テスト直前の休み時間になって初めて単語帳を開くという人もいるかもしれません。また、時間をかけて覚えるわりにはなかなか定着せずに困っている人もいるでしょう。同じ期間内に同じ量を覚えなければならず、同じ時間を費やして勉強したとしてもその成果には差が生じます。この点について、最近の研究結果を紹介します。

ある学校では、週に一度のペースで単語帳の小テストが行われます。それを一年間繰り返します。そこで、年度末に「単語帳をどのようにして覚えるか」という調査票を配り、記入してもらいました。その結果を因子分析という手法で分析したところ、単語帳を使った覚え方、つまり、語彙学習ストラテジー（方略）には五種類あることが分かりました。

一つは「体制化ストラテジー」です。これは、既有知識・既有体験、つまり、今まで自分が覚えて、すでに知っている単語や経験と結びつけて覚えるという方法です。例えば、independenceという語を覚えるときは、既に知っているdependと関連づけて覚えたり、コーヒーが苦手な人であれば、bitterという語をコーヒーの苦さのイメージと結びつけて覚えたりするような方法です。二つ目は「反復・集中学習」です。いわゆる「単語十回書き」「集中学習」といったものが当てはまります。三つ目は「復習」です。文字通り、小テスト後に復習を欠かさないといった学習法です。第四のストラテジーは「母語利用」です。knifeを「クニフェ」と読んで覚えたり、カタカナ英語に頼って覚えるようなやり方です。そして最後に「文脈利用」です。多くの単語帳には例文が載っており、それを声に出して覚えるような方法です。

次に、単語帳をベースに作成した語彙テストを、入学直後と、一年間の授業がほぼ終わるころの二回実施し、そのスコア分布を基に学習者をクラスター分析により四つのグループに分類しました（図参照）。その中で、特徴的だった二つのグループに注目しました。両グループとも入学直後の段階では差がなく、高得点を取っていたのですが、約一年後には順調に語彙力を伸ばしたAグループに対し、もう一方のグループBの伸びは鈍く、その下のグループCにも抜かれてしまい、グループAとBには有意に差が開いてしまいました。

　これら二グループが上記の五種類のストラテジーをどの程度使用しているか調べたところ、体制化ストラテジーの使用度が異なっており、AグループがBグループよりも積極的に用いていることが分かりました。一方、ほかの四つのストラテジーには有意な差は見られませんでした。

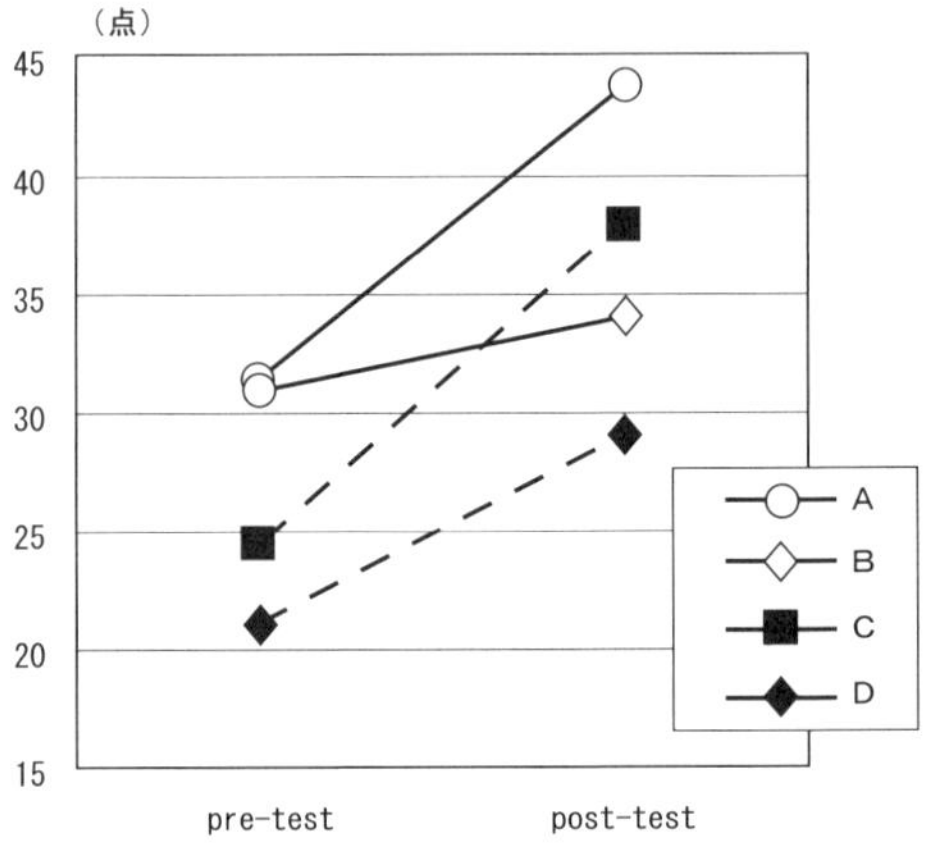

　この結果から、同じ環境で勉強しているとはいっても、学習の仕方によってその成果に差が生じることが分かります。語彙学習の場合は、今までに覚えた単語とうまく関連づけて覚えることが、その後の単語の定着度に貢献するようです。単に新出単語を声に出したり、紙に何度も書くだけでは効果は十分ではないことがうかがえます。この結果はこれまでの先行研究と同様でした。ただし、「十回書き」が有害であるとは言えません。成功する学習者はさまざまなストラテジーを上手に使い分けるといわれており、実際、上記のAグループを含め、どのグループも反復・復習ストラテジーを多用していました。日常、単に機械的に単語を何度も書くだけで済ませてしまう

人は、ほかにもいろいろな覚え方があるということを意識してみたらいかがでしょうか。

この研究で一つ気になることは、母語利用ストラテジーです。多くの人が「ローマ字読み」で覚えた経験があるのではないでしょうか。確かにつづりを覚えるには有効かもしれません。今回の研究ではどの学習者群にもその使用度に差が見られませんでしたが、例えば、ローマ字読みに頼っている人はリスニングのときにその覚え方が悪影響を及ぼすかもしれません。例えばsometimesをソメチメスと覚えてしまった場合、本来の発音を聞いた場合に瞬時にその意味を理解できるのかどうか、今後掘り下げてみたいと考えています。

eラーニングの今後

もう一つの関心分野はeラーニングです。情報技術の発展に伴い、現在急速に研究が進んでいる分野です。民間企業でも通信添削の新形態としてコンテンツを開発するところが増えています（大半が有料なのが残念です）。授業中でも授業外でも、自主的に英語を勉強し続けるにはeラーニングが今後ますます活躍すると期待されています。ここではeラーニングを、ある動機づけ理論の立場から見てみます。動機づけ研究で世界的に有名なデシ博士は、他人に言われて動くのではなく自分の意志でやりたいと思って行動するには、「自律性」「有能感」「関係性」が必要であると主張しています。自律性とは、他人から強制されず自分の意志で行動を決定していることを指します。有能感とは自分が有能だと感じたいという欲求を、また、関係性とは仲間とかかわっていたいという欲求を指します。

初期のeラーニングコンテンツは主として、ある日ログインすると、それまでにどのレッスンまで終了したか、合計何時間学習したか、といった記録が残るといったものでした。自分がやりたい時に学習することができるといった機能を持っていたことから、「自律性」の欲求を満たすものであったと言えます。

その後、近年開発されたコンテンツには、自動的に学習者のレベルに合ったレッスンが提供されるものが登場しています。全員一律の内容ではなく、学習者のレベルによって学習内容が変わり、どの学習者にもふさわしいレベルの教材が提示されますので、この機能により「有能感」が高まり、英語学習に一層励むのではないかと期待されています。

そして今後は、残されたもう一つの心理的欲求「関係性」に焦点を当てたコンテンツ開発が求められるでしょう。授業中に仲間と一斉に学習するのと異なり、eラーニングでは、特に個人で自宅で学習できるとなると、つい自分一人の孤独な世界にこもりがちです。誰もが、自分の意志で行動したいと思う反面、時には、仲間がいるから自分も頑張れる、と思うこともあるでしょう。現在実際に使われているコンテンツは、このような受講者同士の結びつきがまだ希薄であり、今後、この分野の研究や開発が進むことが予想されます。

いずれにしても、たとえどんなに情報技術が発展したとしても、また、映画やテレビといった英語のメディアがどんなに容易に手に入るようになったとしても、自分の英語学習を他人が代わってくれることはありませんし、三年かかったものが三日でマスターできるようになった、ということにはなりそうもありません。英語教育学や第二言語習得理論はまだまだ未解明な部分が多く、研究の切り口はいくらでもあり、当面、私の好奇心も尽きそうにありません。

外国語習得の研究

英文学科准教授　クルソン・デビッド（応用言語学）

私の研究分野は英語教育や言語学です。もっと正確に言えば応用言語学です。この分野の研究は、外国語学習者が抱いている問題を解消したり、習得を支える最適な状況を解明したりすることです。例えば、海外に留学せずに英語をマスターするのは決して簡単なことではありません。学生たちにとっては想像力と忍耐力がもちろん重要ですが、指導する教員には学習者に対する効果的な勉強方法の紹介が求められます。また、それを実践する機会も与えなければなりません。スピーキングのチャンスは一つの例です。当たり前のことですが、外国語は話せば話すほど進歩します。でも矛盾があります。外国人としゃべるためにはまず相当な会話能力が必要だからです。しかしその能力は主に外国人としゃべる経験から生み出されるというこの矛盾した問題を解消するのは難しいことです。これについて私が研究した対策を紹介したいと思います。

文法問題をたくさん勉強しても実践的なコミュニケーションの現場ではなかなか上手に話せなくて悩んでいる人々が多くいます。なぜでしょうか。まず、われわれは会話において「文法」ではなくて「意味」を交換するのです。練習問題をたくさんやっても「意味」を作っていないので頭のなかに定着しにくいのです。もし、対話において相手に「意味」をうまく伝えられたら、その文章が記憶に残る確率が高くなります。従って、外国人と交流するチャンスがあるたびに、積極的に話してみることが有利です。私の授業の狙いはEnglishDayという本学で開かれる交流パーティーを機会に学生たちの語学力を向上させることです。キーワードは「平等」、つまり外国人と英語でしゃべるときに対等な立場を目指すことが大切です。これを達成するためには、やはりスピーキング・ストラテジー（コミュニケーションを図る対策）が必要です。いろいろなストラテジーがあるけれども数年前team-talkingという対策を初めて考えました。これは学生たちが英語で話す際にお互いに助け合えばもっと正しく対話できるかもしれないという考えからきています。この対策には根拠があります。対話分析と呼ばれる分野の論文を読んで次の現象を知りました。学習者が文法を習得するのは英語を話しながらです。すなわち、ただ文法だけを学習しても頭の中にきちんと定着しません。習得の瞬間は、対話で「意味」を作るときです。でも、学生は流ちょうに話せないから自分で伝えたいことを言いきれません。しかし、もしも二人の学生がお互いに助け合えば発言を共同的に作成することができるでしょう。これがteam-talkingです。私は学生たちにこの方法をEnglishDayで活用するように勧めました。この交流会では少人数グループを結成して一人の外国人と話します。どのように言えばいいか難しい場面でも、あきらめずにみんなで頑張ってその意味を正しく伝えようと工夫するように指導しました。このようにすれば外国人の相手を待たせても言いたいことを正しく言えるようになるかもしれません。少なくとも対話がより平等になります。私はこの指導法の有効性を確かめるためにEnglishDayでの日本人・外国人の会話をたくさん録音して分析してみました。そして二、三人の学生たちが助け合って仲間が言えなかった英文を正しく言えるようになった証拠を見つけたのです。たくさんの資料をまとめて論文を書き、それが応用言語学の本の一章として採用されました。幸い、この本はイギリスにある文化と教育財団（BritishCouncil）の賞を受賞しました。とてもうれしかったです。

私は教材の作成も研究しています。日本語でも英語でも口頭コミュニケーションの多くは日常の出来事から成り立っています。例えば幸せな瞬間、ちょっとした不幸、強い感情（喜びや怒りなど）、面白い経験などです。英語のネーティブスピーカーが納得できる独特の英語表現を正しくかつ流ちょうに言えなければ会話はうまくいきません。そこで教材を開発することを決意しました。その教材は大手出版社に受け入られて二〇〇八年に販売されました。

流ちょうさは話すときだけでなく読むときも不可欠です。リーディングをする際に一分に少なくとも二百五十の英単語を読めないと文章の意味はまとめて理解しづらくなります。しかしほとんどの学生は速読の訓練を受けたことがなく、一分に百単語ぐらいしか読めません。一つの主な原因は単語の認識の遅さです。私はこの問題を研究して基礎単語の認識速度を測定するソフトを開発しました。これを使って、本学の学生を対象にさまざまな実験を行い、有意義な結果を得ました。日本の学生たちはＴＯＥＩＣ能力検定テストのリーディングの点数がほかの国よりも比較的低いのが普通です。明らかになった一つの原因は基礎の英単語の速読ができないことです。これは文章の文法を理解できないこととは別の問題です。恐らくそこには日本人がアルファベットを速く読めないという要因があるのでしょう。中学校・高等学校で英単語の速い認識練習はあまりしていません。多くの授業は難易度のやや高いテキストを利用していますから文章をとてもゆっくり読むことが普通です。私の研究の結果は日本や外国の学会で発表して専門家の先生方に認められました。今、私は学生たちに音読練習をするように勧めていますが、本当は小学校のころからアルファベットの練習を大いにしてほしいと強く願っています。

印象に残っていること

国際教養学科准教授　後藤岩奈（中国現代文学）

テーマの「私の学問と教育」から、かなりずれる内容になりますが、県立新潟女子短期大学で十一年過ごしてきて、印象に残っていることを述べてみます。

四月。新潟の四月は寒い。中国語の授業では発音練習が始まります。初めのうちは口を大きめに動かすので、母音eや二重母音、三重母音は結構顎《あご》が疲れます。ga、ka、haの、舌の付け根から出す音は、空気が冷たい季節には、結構喉《のど》が嗄《か》れます。

ゴールデン・ウイーク。海老ケ瀬の田んぼでは田植えが始まります。

学生の中には、中国の環境汚染、大気汚染の報道、情報を耳にして、実地研修参加に不安を抱く人もいます。一九七〇年代、日本の東京も、排出ガス、光化学スモッグなどの公害が問題になりましたが、当時東京におられたI先生、H先生、K先生は、今も元気に授業をされています。

八月。新潟は蒸し暑いですが、中国実地研修で、黒龍江省ハルピンに避暑（?）に行きます。一九九七（平成九）年までは成田空港経由でしたが、新潟―ハルピン便が就航した九八年からは、新潟空港を使っています。中国。異国。これまでの自分と違う価値観、生活習慣、生活環境を突きつけられると、初めのうちはどうしても拒絶したくなりますが、そういう経験をしたり、その時考えたことは、後になっていろいろと役に立つことがあると思います。

中国研修が終わり、海老ケ瀬の田んぼは、一面黄金色の稲穂です。

十月。学生は四年制大学への編入試験の季節。学生を手取り足取り指導すると、学生はそれが普通だと勘違いするし、落ちたら責任を問われます（？）。四年制大学化でこの問題はなくなります。

中国人講師のご家族が来日される場合、手続きが必要です。二〇〇一（平成十三）年の秋以降、必要提出書類が格段に増えました。身元保証人の納税証明書も必要です。「確定申告」をしていないと、ややこしいことになります。

秋は学友祭。〇四（平成十六）年の学友祭は、体育館でお笑い芸人のライブが終わる数分前に激しい横揺れ。天井の鉄筋も揺れていました。芸人たちのサインの抽選の途中でしたが、学生部のS先生の即断でライブは中止に。学生たちはなかなか動こうとしませんでしたが、二度目の揺れが来て、みな外へ。翌日の催し物も中止となりました。めったに地震がなく、また言葉が分からない中国人の先生も、大変怖い思いをされたようです。山古志出身の学生S・Sはその日、父親の職場のある長岡へ車で向かい、父とは会えるも実家の家族とは会えず。学友会役員だった彼女は、友人Yとともに、学友祭の景品用だったお菓子を救援物資として車に積み込み、再び出発。

長岡の高校のグラウンドで家族と再会し、その後しばらく学校に来ないで現地でボランティア活動をしていた。現地では、食いぶちが一人分増えるからなのか、周りの人の目が冷たかったそうです。

冬。九州出身の者にとって、凍った路面の歩行は困難なもので、研究を要します。滑るのを怖がって上半身に力を入れるとよくない、肩の力を抜いて、へその下（臍下丹田《せいかたんでん》）に重心を据えて、足の裏を地面と並行にして、上から押さえるように足を下ろす……雪国生まれの人にとっては、どうでもいいことですね。

中国で感染症SARS（サーズ）が流行した〇三（平成十五）年、実地研修は年末の冬休みに。ハルピン名物氷祭を初めて見ました。クリスマスの日、北京の街では「ジングルベル」が流れ、中国側スタッフがケーキを買ってくれました。九〇年代初めの中国（天津）では、クリスマスには何もなかったのですが、市場経済は宗教をも凌駕《りょうが》する？

〇一（平成十三）年から〇八（同二十）年までに、計七人の中国生まれの学生が入学しました（これは国際教養のみの人数）。単語を並べる言葉である中国語を母語とする学生の話す日本語は、膠《にかわ》である「が、の、を、に」の使い方が弱いです。

これまで注意力を向けていた多くの対象がなくなろうとするとき、教員は心身のバランスが失調するのでしょうか。年度末でやることが増えるせいでしょうか。関係ないかもしれませんが、かつて自律神経が失調した時、医者が、「学校の先生は、この時期（一月末〜三月）、多いんですよね」と言っていました。

卒業生M・Sの歌声は、ジュースのCM、ドラマの主題歌、NHK「がんサポート・キャンペーン」、そしてラジオの深夜放送で全国のお茶の間へ。

県短で十一年過ごしてきて感じることは、こちらがやったことに対して、相応の反応があると、気持ちに解放感を感じ、またやろうという気がしないでもない、ということです。

夢をはぐくむ

幼児教育学科教授　大桃伸一（教育学）

大学生の時、出合った本のなかに、島秋人『遺愛集』があります。島秋人は、学校時代成績は一番ビリで、低能児と言われてばかにされていました。秋人によりますと、「小学校五年の時国語の試験にレイ点を取り、その先生に叱られて足でけっとばされたり棒でなぐられたりしておそろしさに苦しまぎれのうそを云《い》って学校から逃げ出し」、柏崎の街をさまよい歩きました。そして、悪いことをするようになり、少年院にも入れられました。一九五九（昭和三十四）年、二十四歳の時に、飢えに耐えかねて農家に押し入り、争っているうちに誤って家の人を殺してしまったのです。そして、裁判で死刑を宣告されて、監獄に入れられました。監獄の中で自分を振り返った時、ばかにされ続けた自分の人生のなかで一言だけほめてくれた先生がいたことを思い出しました。

図画の時間に「絵はへたくそだけど構図が良い」と言ってくれた吉田好道先生です。たまらなくなって獄中から吉田先生に手紙を出すと、すぐに返事がきて、同封されていた奥さまの手紙に短歌が三首添えてありました。それがきっかけとなって、彼は短歌の勉強をするようになり、多くの歌を作りました。島秋人は六七（昭和四十二）年十一月に三十三歳で処刑されましたが、彼が獄中で作った歌は翌月の十二月に『遺愛集』として東京美術から出版され、隠れたベストセラーになっていったのです。

私は、ある年スキーに行って泊まったロッジの本棚に『遺愛集』があるのを見つけて、思わずご主人に尋ねてしまったことがあります。そうしたら、ロッジのご主人は照れながら、自分は学校時代成績も悪く荒れていたこと、そんな自分に友人の一人が『遺愛集』を貸してくれて読んでみたら心が洗われるような気がしたこと、あんなに荒れていた自分が今このような生活ができるようになったのは『遺愛集』のおかげでもあること、を語ってくれました。このように『遺愛集』は当時の悩める若者に読まれ、彼らを支えていったのです。

『遺愛集』の序文を毎日新聞の歌壇の選者で、芸術院会員の窪田空穂が書いています。窪田は島秋人の歌を評しながら、「頭脳の明晰《めいせき》さ、感性の鋭敏さを思わずにはいられない感がする」と断言していますが、これはいったいどういうことでしょうか。秋人は学校時代、担任の先生に低能児と言われていたのです。秋人は、死刑囚になった後知り合った前坂和子が学校の先生に就職が決まった時、獄中から次のような手紙を出しています。

「教師は、すべての生徒を愛さなくてはなりません。一人だけを暖かくしても、一人だけ冷たくしてもいけないのです。目立たない少年少女の中にも平等の愛される権利があるのです。むしろ目立った成績の秀《すぐ》れた生徒よりも、目立たなくて覚えていなかったという生徒の中に、いつまでも教えられた事の優しさを忘れないでいる者が多いと思います。忘れられていた人間の心の中には一つのほめられたという事が一生涯くり返されて憶《おも》い出されて、なつかしいもの、たのしいものとしてあり、続いていて残っているのです」（島秋人『遺愛集』）

この手紙を読んでも、島秋人がとても低能児とは思えません。死を前にして自分の人生を振り返り、教師として大切なことを書き送っているのです。

島秋人は、豊かな才能を持って、素晴らしい〝タカラモノ〟を持ってこの世に生まれてきました。しかし、残念なことにその才能が引き出されていったのは、死刑が決まってからです。それまでの彼の人生は不幸でした。そして、そうした数奇な人生をつくり出した原因の一つが、低能児という言葉です。低能児という言葉に傷つき、悪いことをするようになり、殺人まで犯してしまったのです。しかし、彼の才能を引き出したのも、教師の一つの言葉です。吉田先生のただ一言のほめ言葉が、島秋人を救い、『遺愛集』を生み出したのです。そして、『遺愛集』を通して、心に傷を持つ人々、悩める若者が救われていったのです。

このように考えますと、「教育は人なり」といわれますが、教師が教育をどのようにとらえ、どのように子どもに接していくかが重要です。私は、教育とは子どもの中にしまい込まれている

〝タカラモノ〟を発見し、育てていくことだと考えています。どの子もその内部に素晴らしい〝タカラモノ〟を持っています。ある子は、比較的浅いところ、見つけやすいところに。しかし、島秋人のように、深いところ、見つけにくいところに〝タカラモノ〟を持っている子もいます。しかし、教育や子育ては、子どもと一緒に夢をはぐくみながら、〝タカラモノ〟を育てていくロマンに満ちた、とてもすてきな営みです。

しかし、そのためには注意しなければならないことがあります。それは、子どもの〝タカラモノ〟はそれぞれ違うということです。絵を描くのが好きな子もいれば、ピアノの得意な子もいます。英語ができる子もいれば、魚釣りが上手な子もいます。それぞれが掛け替えのない個性であり特性です。しかし、近年のわが国の教育は、子どもの〝タカラモノ〟を受験学力という一つの物差しで切ってしまいがちです。これでは多くの子どもはつらくなります。子どもをめぐる心の痛むような事件が続発していますが、その背景には子どもを大人の物差しで評価しようとする教育があります。

灰谷健次郎は、「無理解の大人の前では、子どもは〝タカラモノ〟をしまい込む」と言っています。教師が教師の論理で、親が親の論理で子どもに接したならば、子どもは〝タカラモノ〟をしまい込んでしまいます。なぜならば、子どもは弱い存在ですから。島秋人も無理解な人々の前で〝タカラモノ〟をしまい込み、数奇な運命を生きることになったのです。

私は県立新潟女子短期大学にお世話になって二十六年になります。来たばかりのころは、戸惑うこともありました。研究条件の悪さ、そして、自分の専門の「学問」を語ってもあまり反応してくれない学生たち。同僚の教員たちは楽しそうに学生と語り合い、教育に当たっています。ある時、同僚のある先生に「郷に入っては郷に従え」「学生に則した教育が必要ではないの」と言われ、ハッとしました。教育学を研究しながら、教育の基本を忘れていたのです。灰谷健次郎風に言うならば、「無理解の教員の前で、学生は〝タカラモノ〟をしまい込む」のです。

そうした頭の切り替えが比較的早くできたのは、幸せでした。県短の良さが、どんどん見えてきたのです。まじめで素直な学生たち、学生のことを第一に考える熱心な教員たち。体育祭ではほとんどの教員が学生と一緒に競技に参加したり、夢中になって応援します。総合優勝して涙を流しながら学生と肩を組み、何度一緒に学生歌を歌ったことでしょう。

私の属していた幼児教育学科は、教育の根本はヒューマンリレーションにあると考え、学生と教員との人間的交流をとても大切にしていました。入学して間もない一年生と一泊二日で弥彦に出掛けます。夜は教員や学生のパフォーマンスで盛り上がり、翌日は弥彦登山などの野外活動を行い、互いの理解を深めます。幼児教育学科では四十人の学生を当時は七人（現在は八人）の教員ごとに分けて生活班を作り、さまざまな相談に応じていました。二年生になると二泊三日の研修旅行に信州に出掛けました。これは、学生が主体となって計画を立て、それぞれ係を決めて役割分担をして実行するものです。そうした中で学生は企画力や実行力を身につけ、豊かな人間性を培っていきました。新緑の軽井沢を学生とサイクリングしながら経験した数々の思い出は、今も鮮明に目に浮かびます。とにかく楽しかったです。ほかにも、定期演奏会など学科単位で行う活動が多く、学科としての一体感が自然と強まっていきました。

赴任した時に戸惑った授業も数年後には学生の興味・関心に応えようとするものとなり、どんどん楽しいものとなっていきました。幼稚園の先生になりたいという目的意識を持った学生がほとんどで、授業で私語に悩まされることもなく欠席や遅刻はゼロに近いです。十年ぐらい前から始めたディベートやロールプレイングなどの学生主体の授業の中で、学生の力を引き出していくことの楽しさを一層感じることができるようになりました。授業は私の最も充実した時間の一つです。とにかく、良い学生に恵まれ幸せでした。

しかし、そうした学生が幼稚園の先生になったとき、高学歴社会のなかで〝短大卒〟という厳しい目で見られる現実があります。「君たちは四年制大学に負けない力がある」と言っても世間はなかなか認めてくれません。高度化・複雑化する保育の現場の要望に応えるためには、二年間は短すぎます。その他もろもろのことから、ここ十年以上四年制大学化の推進にかかわってきました。

県短生活を通して感じたことは、学生一人一人の思いや願いに応える教育です。それは、ナンバーワンではなくオンリーワンを目指すことでもあります。こうした教育が実現できたならば、日本の教育はもっと楽しく豊かなものになるでしょう。私は、県立新潟女子短期大学は学生と一体となった教育を実践してきたということにおいて、全国に誇れる短大であると確信しています。そこで、楽しく豊かな時間を過ごすことができたのは、多くの人々のおかげです。心より感謝申し上げます。

「遊び」を通して子どもの育ちを援助するということ

幼児教育学科准教授　梅田優子（保育学）

現在の保育において子どもの自発的な活動としての遊びは、大切なものと考えられています。子どもたちは周囲の環境にかかわって遊ぶ中で、さまざまな体験をして育っていくからです。例えば、見立てたり何かになりきったりするごっこ遊びの中で、子どもは想像力を働かせています。車を「ブッブー」と言いながら動かしたり、お皿に盛ったものを「はい、どーぞ」などと言って差し出すような素朴な見立て遊びから始まり、それらを繰り返す姿が見られるようになりますが、これは、その時期に子どもの見立てる力が発達してくるからです。つまり、その子どもが自発的に取り組む遊びの中には、その子どもにとっての発達の課題が含まれていると考えるのです。

ですから保育者には、子どもが繰り返して遊んでいる様子から、その子どもが何を楽しもうとしているのかや発達の課題を見取り、それにふさわしい環境を構成することが求められます。遊びたくても、環境がなければ遊びが広がりませんし、またそうした力が育ちつつあるときに、適切な環境があれば子どもの遊びが引き出される可能性があるからです。例えば、こうした素朴な見立てが出始めたころは、まだ見立てる力は淡いものですので、子どもの見立てが容易に行われやすい、本物に近いそれらしいおもちゃ（ケーキなど）があることでイメージが喚起され遊びが始まりやすくなります。また、「これはケーキのことね」という言葉でのやりとりがうまくできない子ども同士でも、目にするだけでお互いにイメージが共有化しやすいものとなり一緒に遊べることにもなるでしょう。さらにそこに保育者がかかわり、「今日は、お誕生日のことにしましょう。お誕生日だとほかに何がいるかしら？」など子どもたちとともに見立ての世界を膨らませ遊びを進めることで、子どもたちの想像する力やイメージの世界はより広がることになります。そして、子どもたちに力が育ってきたら、保育者は時期を見計らって、ケーキなどのおもちゃをしまいます。それらしく作られている故に、さまざまなものに見立てにくいからです。代わりに柔軟な見立てが可能な小さな積み木、空箱、折り紙や画用紙といったものを環境の中に準備します。それらの遊具や材料で、今度は自分たちがおままごとごっこに使うごちそうなど、遊びに必要なものをイメージし、組み合わせて使ったり製作したりといった体験が加わることになります。

このように乳幼児期の子どもにとっての遊びは、学びの場でもあると考えられています。子どもが自ら始めた遊びを基底にし、その子どもにとってより豊かな発達の体験となるように、遊びの環境を構成し、さらには共に遊ぶ中でさまざまな役割を果たしながら遊びや子どもの育ちを援助していくことが専門家としての保育者には求められます。

また、幼児期は友達への興味や関心も芽生え、共に遊びたいとの思いもぐんと育つ時期です。遊びの場を共にすることをきっかけに友達とのかかわりが始まり、イメージを共有したりして共に遊ぶ楽しさを体験していきます。その過程では、お互いのイメージや思いがうまく伝わらずもどかしい思いをしたり、時には主張がぶつかったりすることも出てきます。そうした体験をすることも学びの一つなのです。一緒に遊び続けるには、お互いの思いを調整するなどの手探りをすることになるでしょう。そうした繰り返しの中で、共に遊ぶ仲間に自分とは違う考えがあることに気づいたり、話し合うことで新しい工夫が生まれていく喜びや充実感、時には挫折しそうになりながらも遊びを共につくり上げていく達成感を経験していくことになります。現在の社会環境において、そうした仲間同士の出会いやかかわりを学ぶ場として、幼稚園や保育所により大きな期待が寄せられてもいます。保育者には、子ども同士がかかわる場や状況を十分に保証していくと同時に、さまざまな葛藤《かっとう》を乗り越えていこうとする子どもに寄り添い支えていくことも大切な役割として求められます。遊びやかかわりの楽しさ、保育者や仲間の存在に支えられて、幼い子どもは葛藤を乗り越えていくからです。

二〇〇八（平成二十）年三月、新しい「幼稚園教育要領」および「保育所保育指針」が告示されました。これらにおいても、「子どもが自発的、意欲的にかかわれるような環境を構成し、子どもの主体的な活動や子ども相互のかかわりを大切にすること。特に、乳幼児期にふさわしい体験が得られるように、生活や遊びを通して総合的に保育すること」が明示されています。

時折、「幼稚園や保育園の先生は、子どもたちとただ一緒に遊んでいればいいのでしょう…」といった発言に出合うことがあります。確かに、子どもたちと楽しい遊びの場をつくり出していくことが、保育者の大切な仕事でもありますから、保育者の生活の一面をとらえています。そして誰もが幼い子ども時代を過ごしてきていますから、子どもたちと遊びの楽しさを共有することなど簡単なことのように感じるかもしれません。ところが、実際に幼い子どもたちの生活や遊びに触れたとき、その楽しさがどこにあるか見えにくく戸惑いを感じることも多いのです。まして子どもの楽しさに寄り添いつつ、その遊びを通して子どもの発達の課題を見取り、子どもたちのより豊かな発達体験となるように遊びを育てていくことは、系統的な学びを支援していくのとは違った意味で、高い専門的力量が求められているものなのです。未来を担う子どもたちの育ちを支えていく保育者として、援助のあり方、計画や省察のあり方などを、現場の先生方や、保育者を目指す学生のみなさんとこれからも一緒に探究していきたいと思います。

Niigata Women's College 45th

第3章

栄養・食品・健康

栄養学にかける夢―新潟・海老ケ瀬発―

生活科学科食物栄養専攻教授　渡邊令子（栄養学）

「栄養」という言葉は、私たちの日常生活の中でよく耳にし、誰もが何げなく用いていますが、さて学問的にはどうなのでしょうか?

栄養学における「栄養」の定義とは、「人間に限らずあらゆる生物が、生命の維持、成長・発達、活動、繁殖などの生命現象を営むために必要な物質を外界から取り入れて、それを利用すること」です。この外界から取り入れる物質を「栄養素」と呼び、この「栄養素」が含まれているのが「食べ物」です。したがって、栄養学は「食べ物」だけではなく、身体の状態や「食べ物」の食べ方、さらにはこれを直接的あるいは間接的に左右する生活環境や行動なども包括して、「栄養」に関する一切の現象を科学的に究明する学問なのです。つまり、私たち一人一人の幸せを追求する学問と言えます。

実際、人間のための栄養学といってもいろいろな分野に分けられます。具体的には、年齢によって身体の状態（生理的条件）が違いますので、乳幼児から高齢者まで各世代を対象としたライフステージ別栄養学、病気の人を対象とした医療の場での臨床栄養学、競技スポーツの世界で日常のトレーニングから試合で最高のパフォーマンスができるようにサポートするスポーツ栄養学などから、近年は宇宙空間で生活するための栄養学にまで広がっています。実に守備範囲が広くて、どこまでもどこまでも未知の世界が広がっているという奥深さがあります。

それでは、この栄養学の扉を開けて第一歩を踏み出した学生たちとの実験室での一コマからご紹介しましょう。

ダイエット、もう絶対しません

ピーンと張りつめた空気の中、いつもと違った神妙な学生たちの顔が並んでいます。涙目の顔も見られます。視界をさえぎるために下を向いたままの人もいます。

当番の学生たちが私の隣に来て肩を並べました。四十人の学生たちの視線が一斉に実験台の上に集まりました。いったい、これから何が始まるのでしょう。

今日は、一回きりの動物実験であるラット（白ネズミ）の絶食試験の最終日です。体重測定が終わり、麻酔をかけて解剖し、胃腸などの消化器官、肝臓、腎臓などの状態を詳細に観察するのです。デモンストレーションが始まりました。手を動かしながら、学生たちの様子をうかがっていると、涙目の顔もうつむいていた顔も、次第に身を乗り出してきました。見たくないものを恐るという感じです。「かわいそう…」とか、聞こえてきます。

「さあ、これから各班に分かれて食餌《しょくじ》をとったラットと四十八時間絶食（もちろん水は自由）したラットの消化器官、肝臓、腎臓などを比較してください」

緊張しながらも、各実験台で解剖、観察がスタートしました。「肝臓の色が違う、胃の中はカラッポ、腸は細くしぼんで糞《ふん》は固くて小さく黒っぽいなど…」、彼女らの表情は、真剣そのものです。

この実験後、「肝臓のはたらき」に関する映像を見て、今まで学習してきた知識を総動員して「食物摂取と代謝」についてじっくりと考えてもらいます。この体験を通して、やせ願望の強い年代である女子学生たちは、絶食が生体にとっていかに過酷なことであるか、強烈に脳裏に焼き付けられるようです。「もう、絶対にむちゃなダイエットはしません」。そして、数カ月後「三食きちんと食べるようになって、なんと体重も減ってきました」とうれしそうに報告に来てくれた学生もいました。今は、食の専門家として第一線で活躍しています。

ダイエットとは、現在では肥満の治療や予防のための減量という意味で使われていますが、本来は食べ物や食事のことを意味する言葉であること、また、動物実験は明確な目的と周到な準備をもって動物実験指針にのっとって実施され、学生とともに感謝の供養をしていることを付け加えておきます。

さて、食事は健やかな生活を送るための基本であることは言うまでもありませんが、毎日の食事で私たちがもっともなじみ深い食べ物といえば、「ごはん」です。

米（ごはん）と栄養

食卓に並ぶ食べ物は多様化していますが、私たち日本人にとってやはり米（ごはん）は主食であり、食生活の原点といえます。わが国で唯一自給できる食材でもあります。

米の成分は、精白米で炭水化物が約七七パーセント、タンパク質はわずか六パーセント程度、脂質はさらに少なく一パーセント以下にすぎません（五訂増補日本食品標準成分表）。したがって、ごはんを食べることは炭水化物をとることだと理解している人が大多数だと思います。しかし、近年米の消費量が減少しているとはいえ、日本人の一日あたり総タンパク質摂取量に占める米タンパク質の割合は、二十～二十九歳の若者でも一二・四パーセントで、植物性タンパク質の中では一番多く（平成十六年国民健康・栄養調査報告）、畑の肉と称される大豆由来のタンパク質の二倍に相当します。

主食の米に代わるものといえば小麦を材料としたパンやめん類ですが、小麦タンパク質や大豆タンパク質については既に多くの研究がなされ、その研究成果から植物性タンパク質素材として、食品業界で大きな市場を作っています。しかし、米タンパク質については、これまで精製度の高い米タンパク質の大量調製が難しかったため、栄養生理学的な意義に関する研究は非常に少なかったのが現状です。現在、二種類の米タンパク質調製法が確立されて、研究を進めるための安定供給が可能になりました。

この二種類の米タンパク質を用いて、アルカリ処理法で調製した米タンパク質は、動物性タンパク質のカゼインと同等の体内利用率であること、消化酵素によりデンプンを分解して調製した米タンパク質は、一部が不消化タンパク質として糞中に確認されること、二種類の米タンパク質の形態学的（電子顕微鏡写真）および化学的組成の差異、米タンパク質の血中コレステロールおよび中性脂肪低下作用は、動物試験では大豆タンパク質と同程度であること等々が明らかになりました。

米胚乳《はいにゅう》中には、主に形態の異なる二種類のタンパク質顆粒《かりゅう》（プロテインボディ＝ＰＢ）が存在し、ＰＢ－Ｉの主なタンパク質組成はプロラミンであり難消化性であること、ＰＢ－Ⅱは主にグルテリンというタンパク質からなり、易消化性であることが知られています。加熱処理したごはんと生米の比較で、ごはん中のタンパク質のほうが消化されにくいことも確認できました。さらに研究を重ねていくことで、ごはんの中のＰＢ－ⅠとＰＢ－Ⅱが私たちの健康にどんな役割を果たしているのかが今後解明されるでしょう。

以上の一連の研究は、新潟大学自然科学系（農学部）・門脇基二先生、京都府立大学大学院生命環境科学研究科・増村威宏先生、亀田製菓株式会社お米科学研究室との共同研究です。そのほか関連のある多くの方々の協力を得て着実に成果が上がっています。

一方、自立した生活を送っている新潟市の元気な高齢者は、米を中心として魚介類、野菜、果物をたくさん食べていることも食事調査から判明しました。また、主食が米の食事のほうが若い女性では便秘が少ないという報告などもあります。

健康長寿を目指して健康維持・増進や老化制御といった観点から米に関する新たな科学的評価が得られることを信じて、米・米タンパク質について共同研究を続けていきたいと願っています。

新潟だからこそ、「米」にこだわりを持って！

「おいしさを科学する」雑感

生活科学科食物栄養専攻教授　佐藤恵美子（調理科学）

1．教育について

調理は調《ととの》え理《おさめ》ることであり、味、香りなどの化学的な要因と色、温度、テクスチャーなどの物理的な要因が関連しておいしい食べ物に作られます。料理として完成するまではいろいろな調理過程を経てできあがり、その操作をおろそかにするとおいしい状態とは言えません。そこで、作る人の心構えも大切になります。近年、食育の重要性が叫ばれていますが、子どもたちを取り巻く食環境の見直しを探っていくときに、調理と家庭環境や地域環境（食文化）が深くかかわっていることに気づかされます。調理科学の研究は「食卓から出て、食卓へ帰れ」という初代日本調理科学会会長の松元文子先生の名言を肝に銘じたいとあらためて思うこのごろです。豊かな食生活の中で、物質的面を優先させようとする食べ物の摂《と》り方が反省され、食が持っている精神面も大切にしようとする気運が高まっています。一例として、わが国の調理学の泰斗東佐誉子先生の言葉を引用しますと、「単なる物質と見える食品が波動であることを知った。そして、調理する人の心と同じ波長の波動を招《よ》び出すことを悟ったのである。調理者の心が食物と同じ心に昂《たか》まった時に、初めて本当の料理（人の心身を完全に育てる）が作れる」とあります。調理学は、科学することの自然科学的な面の大切さと人文社会学的な人間の心の状態がおいしい料理を作り出すという両方の分野を併せ持つのが特徴であり、科学する心と食べる人への思いやりの心が大切です。

学生の調理学実験リポートの一部を紹介します。「調理を科学することに、理論的裏付けがあり新鮮な驚きを感じた。日常生活にすぐに応用できて役立つ知識を得られることがとても良い。勉強してみると分からない点が多すぎて、奥が深く一つの事象を考察しようとすると、関連事項が多く出てきて調べるのが大変である。しかし、そんな当たり前のこと分かっていると決めてしまったら前には進めない学問である。ただ白い粉のような砂糖なのに加熱によっていろいろな顔に変化するなんて。さらさらした白い小麦粉なのに水を加えてこねて洗っただけで、ガム状のグルテンが含まれているなんて。いつも当たり前に作っていた料理の根底にすべて科学が潜んでおり、材料を入れる順序にさえ理論がある。神秘の世界である」。表面に見えないものを観ようとする洞察力、奥に潜んでいるものを感じ取りたいというのは人間の願いです。日常性の中で身近すぎて気がつかない当たり前のことに感動できる幸せを感じます。

2．ゴマ豆腐の研究から得たもの

日本では代表的な精進料理の一つであり、法事のとき、懐石料理に作られます。軟らかさ、舌ざわり、滑らかなのどごしと弾力とゴマの風味などの化学的な味の調和がおいしさを形成します。本葛澱粉《くずでんぷん》に対して、ゴマの量が増えると、弾性率が高く粘性率の低いすなわち、硬く凝集性の低い、もったりとしたテクスチャー（食感）が得られます。この独特のテクスチャーは、澱粉とゴマ中のタンパク質や油脂の相互作用によるものです。葛澱粉が一に対して、ゴマの量は一～一・二倍、加水量は約十～十一倍の割合が好ましいです。図に示した電子顕微鏡（ＳＥＭ）写真から、開放加熱で調製したゴマ豆腐の①六〇rpm十五分加熱の試料では、加熱時間が短く攪拌《かくはん》不十分で不均一な状態をしており、ざらつき感がありました。②二五〇rpm二十五分加熱の試料は、軟らかく最も均一な空胞の形成と蜂の巣状構造を示し、最もおいしいと評価されました。また、③三五〇rpm四十五分加熱の試料は空胞が消失し、水分の蒸発により立体感のない構造を示し、味は水分が蒸散するため濃厚感がありました。しかし、水（八〇度ぐらい）を滴下して蒸発による水分を補いながら加熱する滴下法は、四十五分間加熱しても蒸散しないため、硬くならずいつまでも軟らかく滑らかです。この結果から、配合割合や調製条件により、適度な粘弾性と独特のテクスチャーを形成するということが分かりました。

高齢社会を迎え、二〇〇六（平成十八）年には全人口の約一割が七十五歳以上の高齢者です。高齢者になると食欲の低下、運動機能、摂食機能の低下および咀嚼《そしゃく》・嚥下《えんげ》機能も衰え「むせ」、誤嚥《ごえん》性肺炎などを起こします。そのため介護食、嚥下食などの研究が必要となりました。厚生労働省は一九九四（平成六）年に高齢者用食品の規定を定め、咀嚼・嚥下困難者用食品のゾルの粘度は一・五×一〇の三乗ミリパスカル秒以上、ゲルの軟らかさは、一×一

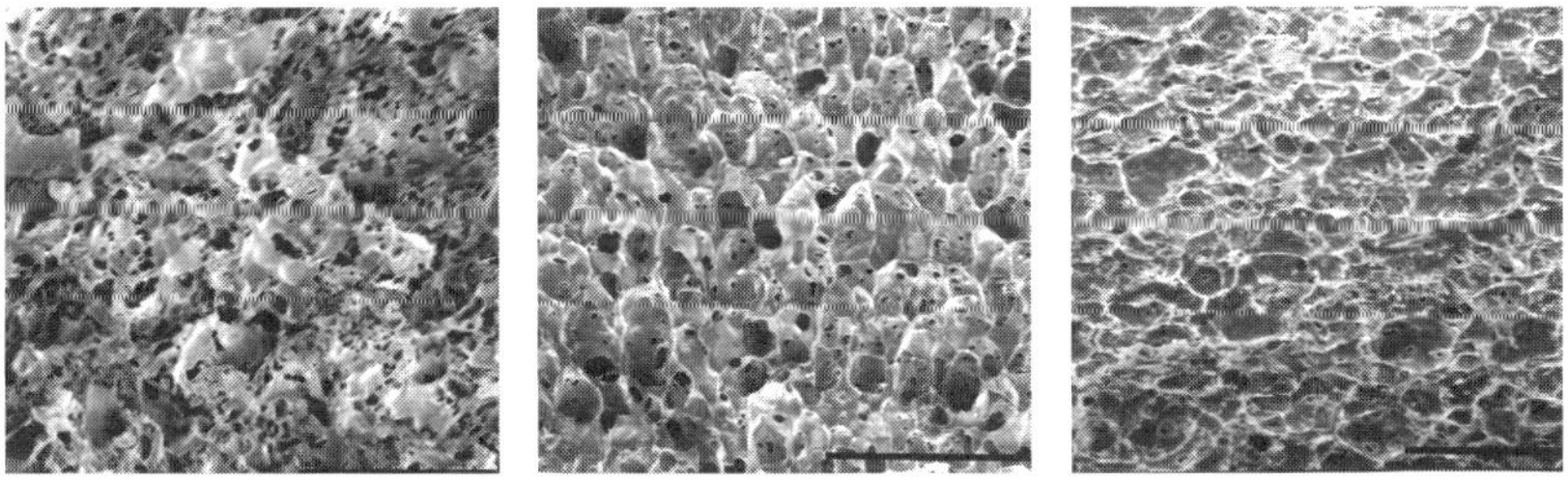

(1)　60rpm　15min.　(2)　250rpm　25 min.　(3)　350rpm　45min.

図　クライオSEMによる調製条件の異なるゴマ豆腐の横断面の写真
攪拌速度と加熱時間の影響（×1000倍）10μm

○の四乗ニュートン平方メートル（N/㎡）以下であることを定めました。ちなみに、ゴマ豆腐のおいしい軟らかさは、調製条件や配合割合によって異なりますが、三・○～六・○×一○の三乗N/㎡の範囲であり、厚労省の定めた一×一○の四乗N/㎡以下の嚥下食の部類に入る食べ物です。また、適度な油脂が含まれていると飲み込みやすいとされていますので、ゴマ種子には五五・九パーセントの油脂が含まれていることからゴマ豆腐は、のどごしにも高齢者に優しく飲み込みやすい食べ物であることが分かりました。これからは食べ物の硬さ（ニュートン、N）や滑らかさ、粘り（パスカルセコンド、Pa·S）などが数値と単位で表され、広く周知され理解されることが今後の課題です。

3．最後に

食品は複雑な成分が混合している多成分の複合体です。その状態は、加熱、攪拌などの調理操作によって異なり、溶液、ゾル、ゲル、泡、サスペンション、エマルションなどがあり、時間とともに変化し、不安定な非平衡状態で不可逆性であり、再現性が難しいのです。おいしい状態というのは、内部構造が「均一な状態」であり、練り方が足りないと均一な構造が形成されず、滑らかでなく、長時間放置すると水分の蒸散により硬くなり、おいしい状態を逸してしまいます。澱粉性食品は、水分を加えながら攪拌加熱（滴下法）すると、長時間加熱してもおいしい状態を長く保つことができます（澱粉の老化防止）。

食べ物には一番おいしい状態の時があるように、人生にもおいしい時があるのかもしれません。若い時は概して、苦労（練り方）が足りない場合もあるかもしれませんが、また滑らかでおいしい時もあり、加齢（時間）に従って硬くなるのを防ぐために、水を補給しておいしい状態を長く保つようにすることも大切です。そして、その水は人それぞれが異なり、情熱と意志を持って理想を追い続ける努力の中から、生まれてくるのではないでしょうか。調理を科学することにより、昔から経験により伝承されてきた食べ物の配合割合や調製条件に対して、科学的な根拠があったことをあらためて見直し（温故知新）、先人の「知恵」と「技」に敬服させられます。ゴマ豆腐の研究を通して多くを学ばせていただきました。「若いころの苦労は買ってでもしなさい」とか「かわいい子には旅をさせよ」などという言葉がありますが、若いころの苦労は、無駄ではなく、必ずおいしい時が来るまでの準備です。希望を持って、毎日を楽しく、前向きに、日々できることからコツコツ頑張りましょう。

新潟の多彩な食について学ぶということ

生活科学科食物栄養専攻准教授　立山千草（食生活学）

現在、米と魚と野菜を基本とし、油をあまり使用しない日本的な食事（和食）は、健康的な食事として世界的に注目を集めています。一方、日本では主に生活習慣が病気の一因となる生活習慣病が多発しているため、体に適した質の高い食事、食生活を営むことに関心を寄せる人が大勢います。皆さんが関心を寄せられる食とはどのような内容なのでしょう。ここでは、食べ物と健康の視点から新潟の多彩な食を学ぶ大切さについて考えてみたいと思います。

そもそも人間の生活のうち、食事に関する分野の基礎とは一体何を指すのでしょう。一言で言うとすれば、それは海を含めた大地にあると言えます。人間はそこからの恵みを食料として生きています。そのため人々が暮らす大地のあり方すなわち地形や気候によって、食べ物としての利用の方法や技術およびその習慣や風俗の異なりが生じてきます。風土と食は密接な関係にあるというわけです。私たちの暮らす日本の風土とは、雨が多く温暖で米の生育に適しており、四季の移り変わりがそれぞれの季節の野菜を育ててくれています。温暖で湿度が高いことから、味噌、醤油、かつお節、納豆、漬け物など、細菌の発酵を利用した食品に恵まれています。また、周囲は海で囲まれ、海藻や魚介類にも恵まれています。コメを主食にして季節の野菜と海藻、魚介類、発酵食品を副食にする食事は、日本の風土に合った食生活と言えます。

では、健康的な食事として世界的に注目されている日本的な食事（和食）とは何でしょう。和食の代表的な料理としてスキヤキ、テンプラ、スシといった料理が挙げられます。しかし、これらの料理はすべて比較的新しい時代に海外から伝えられ、日本風に発展を遂げた結果、和食の代表として称されるようになったものばかりです。例えば、スキヤキは牛肉食が解禁された明治以降、テンプラは近世初頭ごろにポルトガルから伝えられたといわれています。スシにおいても、原型は稲作とともに東アジアから伝えられ保存方法を発展させたものであり、にぎりズシにいたっては江戸前という言葉に代表されるように近世後期につくり出されたものです。和食・日本における食生活・日本の食文化とは、日本の風土の影響を受けながら、時代によって、日本人に好まれる独自の料理として変化しながら歴史的につくられてきたものであると考えることができます。

このことからも分かるように、食生活の面から健康を維持・増進するためには、和食という名の食事を摂《と》りさえすればよいというものでもなければ、和風食材の種類や量を多く摂りさえすれば解決するというものでもありません。食べ物や食べ方について、伝承されている先人の知恵と科学的な知見に基づく素晴らしい特性について認識することが大切なのです。さらに言及するのであれば、四季折々の郷土料理、日々食する家庭料理の素材として用いられてきた数多くのその地域で得られる食材が、その地域で暮らす一人一人の健康を支え、豊かな食生活を生み出してきた事実を認識し、自分もまた受け継いでいく役割を担っている重さをかみしめることが極めて大切であると言えましょう。

本学が位置する新潟県の風土は、日本において多彩な食資源にあふれた地域の一つです。日本海に面した本州中央に位置し、全国の都道府県の中でも五番目の広さにある新潟県の南部や東部には緑豊かな山地が連なっていて、多くの動物や植物を育て、私たちに多くの恵みをもたらしてくれているほか、これらの山地から流れだす信濃川をはじめとする川は平地を潤しながら日本海に注いでいます。夏は気温が高く、冬は多雪という特色ある気候によって、新潟の稲作、農業は支えられています。また、新潟近海は暖流と寒流がぶつかる佐渡沖の豊富な漁場によって、四季折々に多くの天然の地魚が集まってきます。多彩な食を学ぶ環境として、新潟県は素晴らしい条件を兼ね備えているといえます。

人は食を通して体をつくり、心を養い、健康の維持増進に反映させながら人生を歩んでいます。新潟という多彩な食材にあふれた地域で、多様な食に触れて日々豊かに暮らすということは、健康の維持・増進を図りつつ食養効果を期待できるばかりでなく、より多彩で充実した人生を過ごす基盤が既に手中にあるということを示唆していると考えることができます。もちろん、そのような環境に身を置いていても、日々の生活の中で見落としやすいその地域の食の多彩さに気付かなくては、その価値を真に活用しているとは言えないでしょう。また同時に、食材の素晴らしい効能や多種多様な活用を科学的に論理的に明らかにしなくては、私たちの未来を豊かで健やかな食のあり方、暮らし方へ反映する術に陰りが生じることでしょう。人間にとって欠かせない食べ物とは、その土地の気候、地形、地質などすなわち風土とそこに暮らす人々の食材を生かす知恵がもとになって、伝えられてきたものです。多くの人が多彩な食について実感し、豊かで健やかな暮らしに活用されることを望みます。新潟の多彩な食について一緒に学びませんか。

学びながら生きること

生活科学科食物栄養専攻講師　太田優子（食教育・健康教育）

「食とは人を良くすることなり」―進路に迷う大学一年次に恩師が板書した、この言葉から私の実質的な学生生活が始まりました。学びながら生きる生活の中で、多くの先生方との出会いと「五観の偈《げ》」や「教師とは希望を語る職業なり」また「学問は人類の幸福のために存在する」など大切な言霊《ことだま》に導かれて、今ここに在ることに感謝しています。学びの縁《えにし》の不思議さと貴さとを実感しつつ、多くの方々・もの・ことと出会い、海老ケ瀬キャンパスの日々を研究生生活から始め、およそ四半世紀も（つかの間ですが…）過ごしてきたことになります。

　とりわけ研究生時代からかかわらせていただいてきた小児糖尿病キャンプに毎年参加することによって、食べることの意味とその原点について考えを新たにしています。このキャンプは一年に一回、四泊五日で開催され、小学三年生から高校三年生までのキャンパーと家族の皆さまが日常生活をより円滑に健康に過ごせるように願い、共にボランティアで参加する本学学生・卒業生と医療スタッフの方々と連携・協働し合うことの重要性を再認識できる貴重な場です。食にかかわる教育の在り方を模索する中で、ＱＯＬ（生活の質・生命の輝き）の向上を目指し、本キャンプで食教育プログラムの計画・実施・評価・改善のマネジメント・サイクルを実践する機会に長年にわたり恵まれたことは、私の〝学生〟生活における最初の幸運といってよいでしょう。

また、二〇〇五（平成十七）年から新潟県栄養士会会員の方々と連携・協働し、新潟県内の高校生を対象に次世代の健康づくりのために開始したスマート・ダイエット・キャンペーン事業にかかわらせていただいております。食育基本法成立の前年度から準備を進め、平成十九年度に本対象者の実態把握を基に食生活学習教材を作成し、学習者と教育者とともにはぐくみ合う双方向性の教育を目指し、二十年度は県内各地で食教育プログラムを展開できるように計画している最中です。

これらの学びの中で得られつつあるものを、その時々の学生教育に反映させることを心掛け、食教育にかかわる講義・実習に臨んでまいりました。特に卒業生には学生時代の印象深い思い出の中に、本学付属幼稚園の年長児さん対象の食教育活動の実践を通して得られた多くの学びの機会が含まれているように見聞されます。「大切なものは、目に見えない」―学生や食教育プログラムの対象者の方々とともに学び続けていく中から、食にかかわる目に見えない大切なものを次世代に向けて、どのようにはぐくみバトンタッチしていくべきか、食の専門家（栄養士・栄養教諭）の養成にかかわる大学人としての課題に、今後も精進してまいります。

スーパー管理栄養士への途《みち》

生活科学科食物栄養専攻准教授　村松芳多子（応用栄養学、食品・環境微生物学）

私が、管理栄養士を目指した理由は、食べ物が好きだったからです。何か手に職をという両親のもと、多くの資格がある中で考え悩んだ時期もありました。当時、管理栄養士の仕事は何でしょう？　献立を作成する、栄養の評価を行う、学校、病院、企業の食事メニューを立案する人などと思って大学に進みました。安易な考えのもと大学に進んだ私は在学してしばらくは？？？続きでした。解剖学、生理学、生化学、食品学、薬理学、栄養学など何でこのような授業があるのと高校を卒業したばかりの私は不思議に思っていました。理系の科目が苦手な同級生は泣いていました。私はそれほど理系の科目には抵抗がなく、元来あまり物事を深く考えない気質から、すべてのカリキュラムをほどほどにこなしながら四年間を過ごしました。大学のカリキュラムは一年一年の積み重ねの中ですべての科目がある理由が分かりましたが、実際に働いてみると知らないことや勉強不足であることはたくさんあり、時代とともに変わりゆく科目もあります。私の時代のカリキュラムは、基礎科目に重点が置かれており、応用科目は基礎科目に比べ軽視されていました。バブルがはじけて数年間就職氷河期といわれた時代が到来したころ、世の中は新入社員より、すぐ使える中途採用の時代を迎え、大学のカリキュラムも応用力重視型へと変化しました。教育は、社会の流れやニーズの中で紆余《うよ》曲折し変遷します。出口の見えない迷路であると感じます。基礎力があっての応用力であるのに、うわべだけの応用力重視型教育は、いずれ綻《ほころ》びを修正しなければならないでしょう（既に綻びを修正中？）。

さて最近、何においても「コミュニケーション能力」といわれるようになりました。なぜ？どうしてでしょうか？　個々を重視する世の中になり、自分のことしか考えなくなってしまったからでしょうか？　自分の思いも、言えない、伝えられない、そして自分さえも見失うようになってしまいます。「言葉（会話）」不足で対人関係もギクシャクしてしまうこともあります。相手に自分の思いをうまく伝えること、相手の思いを自分が感じ取ることが必要な時代になりました。心の発達の未熟が招いたことだと語っている人もいます。ある時、自己成長を行うためにSAT法なるコミュニケーション法を学ぶ機会がありました。問題解決能力やストレスマネジメント法やアサーション法を学ぶことができました。能天気な私でもため息をたくさんつくようになっていた自分に気付かされました。人の心の欲求は果てしないものであることにも気付かされました。そして今、私が目指す目標は「スーパー管理栄養士！」であること、食べ物のスペシャリスト（食医）であることに気付くこともできました。

脈絡もなく書きつづってきましたが、管理栄養士として大学教育に携わってきた中で、栄養士・管理栄養士に必要なことはオールマイティーな力であると思っています。管理栄養士という資格の上に、さらに自分には何ができるかという付加価値が必要になってきます。それだけ管理栄養士は幅の広い職域を持っています。栄養士・管理栄養士を持ち、さらに必要となる資格（日本糖尿病療養指導士、病態栄養専門師、臨床栄養師、スポーツ栄養士、健康運動指導士、産業栄養指導者、健康咀嚼《そしゃく》指導士、特定保健指導担当管理栄養士など）がたくさんあります。人生八十〜百年といわれている中、途中どんな寄り道をしても、寄り道がプラスになることが多いのです。マイナスが人生の中でプラスに変わることもあります。そして何をもって「スーパー管理栄養士」と言えるかは未知（途）でありますが、将来皆さんも「スーパー管理栄養士」を目指していただきたいです。

ところで、私は大学卒業二カ月後に管理栄養士国家試験を受験しなんとか合格することができました。「管理栄養士」の一人となり現在に至っているわけでありますが、大学卒業後から現在の私がどんなことをしてきたか興味ある方は、「防菌防黴、第三一三巻三一六ページ」（二〇〇五年）の会員の声の中に「バイ菌屋さんと純粋培養？」という題で掲載しました。その冒頭と最後部分を以下に記載し終わりとします。

私が微生物を扱うようになったのは大学時代からである。大学時代は実験・実習の中での初歩的な取り組みでしかなかった。大学院時代から本格的に微生物とのにらめっこが始まり、気づくとほぼ五年で職場を移動（転職）していた。私自身は、一つのことはじっくりやり遂げるタイプで、職場が変わっても研究テーマは食品（主に納豆）と微生物に関する内容であり、職場が変わるたびに新しい出合いもたくさんあった。そこから得られるものは人間としても研究内容においても、有意義であったと確信している。微生物は培養して初めて目視でき、何かしらの小さな発見をするようになる。新しい職場でも微生物の培養と同じことがあるのではないだろうか。（中略）教育の現場にいる私にとって教えることの難しさと、学生の発想の豊かさ?を学んだ小さな発見であった。学生とのさまざまな経験から、以後の教育や研究に役立つことは多い。純粋(?)培養の学生が多ければ多いほど得られるものがある。転職と出会いは培養と同じではないかと思うのは私だけだろうか? そしてこんなことを話している私も、純粋培養の一人であると感じるこのごろである。

食物栄養に関する教育と研究

生活科学科食物栄養専攻講師　曽根英行（栄養生理学、栄養生化学）

現代の分子生物学が明らかにしたものの一つに、たとえ遺伝子に変異があったとしても、環境要因によりその異常が表現型として発揮されないということがあります。環境要因のうち最も重要なものは食とライフスタイルであり、遺伝子だけを用いた研究では現代人の健康を守ることはできないものと考えられます。その観点から、食と身体との関連を追究する栄養学は、私たちが健康に生きるために理解しなければならない学問と言っても過言ではありません。「食と健康」に関する情報がはんらんし、中国をはじめ世界各国での食品の偽装事件から「食の安心・安全」が叫ばれている現在、適切な情報の普及を担う栄養士には、実践的栄養学だけでなく、栄養素の生体内機能や食品の成分・性質に関する専門知識が求められています。

本学では、生化学、分子栄養学、食品学などを担当していますが、これらの講義のうち、生化学は、生命・生理現象を化学的側面から研究する学問であり、分子栄養学は、栄養素の機能を遺伝子レベルで学習し、肥満症や糖尿病といった生活習慣病の発症機序を理解することを目標としています。現在、わが国の栄養士には、臨床栄養学や給食経営管理学、栄養教育などの実践的な学問が優先され、どちらかというと生化学や分子栄養学の科目は軽視されているのが現状です。この傾向は、栄養士の活躍の場である現場サイドにとどまらず、受講する学生側にも広く見受けられます。昨今、学生の創造性・自発性の低下と業績偏重主義の体制から、学生の学問に対する姿勢が、自ら考え実践していく積極的な態度から、決められたことを消化していく受動的な態度へと変遷しているように感じられます。学生にとっては、実社会との関連性をイメージすることが難しいといった点から、生化学などの基礎化学分野での学習方法が、本来の目的である「深い理解」と「実践での応用」から遠くかけ離れた「単純な暗記」を中心とした形式となってしまうのも仕方がないことなのかもしれません。

学業を修める過程にはこれまでの経験から三つの喜び、「考える喜び」「理解する喜び」「新たな知見を公表する喜び」が存在すると認識しています。「考える喜び」については多少の訓練が必要かもしれません。しかし、ちょっとした拍子に正解への道筋が見え、難問を解決したときなどの「理解する喜び」や新しい知識を得意気に話して聞かせるなどの「公表する喜び」については、これまで数多く体験されてきたことと思います。本講義ではこれらのことを念頭に置き、教育の場において可能な限り実生活での現象を例に取り上げ、その科学的根拠のよりどころである生化学・分子栄養学に対し、学生が興味を持った姿勢で向かえるよう努めています。さらに、学問における三つの喜びである、学生が自ら考え、理解し、プレゼンテーションすることで「確固たる理解」と「学問に対する自信」が得られるよう、学生参加型の講義の実現を目指しています。栄養先進国である米国では、管理栄養士は、医師と対等な立場で医療現場に参画するために、本領域を含めた専門性の高い知識の習得を要求されています。また、近い将来わが国においても、栄養士が米国と同じレベルで医療現場へと進出することが示唆されています。その際は、本学の卒業生がリーダーシップを発揮し、全国の規範となって栄養士のレベルを向上させ、われわれの健康面において栄養学的側面から大いに貢献してくれたら…とひそかに期待しつつ、日々の講義に励んでいる次第です。

さて、大学は教育の最高学府であると同時に研究機関でもあります。つまり、われわれ教員は教育者であり研究者でもあるわけです。これまで取り組んできた研究テーマとして、「水溶性ビタミンの新規作用の探索と作用機序の解明」と「生活習慣病、特に糖尿病と高脂血症の発症機序の解明」の二つが挙げられます。最近では、水溶性ビタミンの一種であるビオチンの食品中含量の地域差や生体内動態などについて研究しています。

ビオチンは、ビタミンCやビタミンEと違って非常に知名度の低いビタミンです。しかし、女優の奈美悦子さんがこのビタミンの不足によって難病である掌蹠膿疱症《しょうせきのうほうしょう》を発症したことからも分かるように、われわれが健康的に生きていく上で必要不可欠な栄養素の一つです。ビオチンは、レバーや大豆、卵黄など多くの食品に含まれており、さらにわれわれの身体の中で共生している腸内細菌からも供給されることから、極端な偏食がない限り不足することはないと考えられてきました。しかし、生体を取りまく種々の環境因子（ストレスや欧米型の食事など）による腸内細菌叢《そう》の変化やビオチンの生体内利用の異常増加が引き金となり、不顕在性ビオチン欠乏に陥る可能性が指摘されています。実際、血清ビオチン濃度の低下が二型糖尿病患者やアトピー性皮膚炎患者などで観察され、これら患者でのビオチンの生体内消費量の増加が示唆されています。また、抗生物質の服用によって腸内細菌叢のバランスが崩れ、生体へのビオチンの供給が低下することも報告されています。最近では、健康な人においても腸内細菌叢由来のビオチンだけでは生体必要量を維持できないことが示唆されており、食事由来のビオチンの重要性が再認識されています。

しかし、食品中のビオチン含有量は、二〇〇五（平成十七）年に改訂された「五訂増補日本食品標準成分表」には収載されておらず、ビオチンの摂取基準についても科学的データの不足から推奨量を設定できずにいるのが現状です。それ故に、ビオチン摂取量とビオチンの生体内必要量に関する根拠あるデータの集積が必要と考えられています。これらを実現するためには、まず初めに「ビオチンの正確な測定方法」を確立し、次に実際にわれわれが摂取する「食品中のビオチン量」を測定し、さらにそれらが「体内でどのような挙動」を示すかについて詳細に調べる必要があります。ビオチンは、乳酸菌によるバイオアッセイ法で測定されますが、われわれの研究室ではすでにこれらの測定方法を確立し、現在では多くの食品中ビオチン含量を測定しながら、それらの栽培環境差（気温、日照時間、土壌）についても研究を進めています。

これらの研究成果が、いつかビオチンの臨床応用への道を切り開き、われわれ人類の健康維持・

増進、疾病予防に貢献できるよう、精力的に、しかし何よりも楽しみながら研究に取り組んでいます。

食べ物のおいしさから始まる世界

生活科学科食物栄養専攻助教　筒井和美（食物栄養）

「食べること」とは、人類が生命を維持するための世界共通の行動生態です。私たち人間は、食事を通して、心身を共に満たし、豊かな生活を送ることができ、たとえ異文化の環境においても、食事が言語や風土の相互理解の懸け橋として私たちを手助けしてくれます。

私は、小さいころから、「食べること」には深い関心と興味があり、特にお菓子のおいしさやお菓子の視覚的な美しさに魅了され感動する日々でした。また、なぜ嗜好品《しこうひん》であるお菓子が、私たちの五感をこれほどまでに楽しませてくれるのだろうかと、ずっと疑問を持っていました。このようなお菓子への思いが、食物栄養に関する研究の世界へ、自分をぐいぐいと引っ張っていったと考えます。米粉や小麦粉、砂糖、卵などを主原材料とする和洋菓子には、いろいろな形状や、いろいろな味があります。例えば、菓子の甘味は、一般家庭でよく用いられている上白糖から和三盆のような趣のある甘味までさまざまですが、ふっくらと焼き上げるのか、ずっしりとした食感に仕上げるかで、その味の感じ方は異なります。

お菓子をはじめ、食べ物のおいしさは、化学的な呈味成分（甘味や塩味など）に依存するだけでなく、物理的な性質（食感やテクスチャー）にも影響されることを知り、これまでの疑問を解決するべく、また好奇心の赴くままに、これまで「澱粉《でんぷん》の糊化《こか》や老化に関するレオロジー（物理的特性）」について研究してきました。澱粉は、米、小麦、いも類などに多く含まれ、団子や麺《めん》類などの澱粉系食品の材料としても用いられています。私は澱粉系食品の品質保持および品質改良のための技術について、若干ですが報告をしてきました。現在、世界中で大勢の研究者がひしめき合う中で、いかに実社会において貢献度の高い魅力的な成果を発表できるか、それぞれの分野で必死の競争がなされていますが、私も負けず劣らず、ここ新潟から成果を発信できるよう奮闘中です。

また、これは、大学で展開されている教育においても同様のことと感じています。自主的に疑問を見つけ、解明していく習慣を身につけていけば、おのずと学問の習得につながることでしょう。また、学問上の能動的な理論構築だけでなく、人間関係においてたくさんのネットワークを自ら広げていけば、自然と社会人への仲間入りとなっていくでしょう。失敗を恐れず、まずは、初めの一歩を踏み出して、何事も体験してみること、たとえ小さな疑問に対しても努力を惜しまず研究を継続していくことが、大学生活においては大切だと思っています。私は駆け出しの教員で、さまざまな経験をしている最中であるため、これまでお世話になった学生さんや諸先生方には深く感謝するとともに、これからも海老ケ瀬キャンパスでたくさんの学生さんとの出会いを心待ちにしています。

教養教育の実践として、体育をどのように展開してゆくか

幼児教育学科准教授　伊藤巨志（発育発達、健康教育）

1．はじめに

大学体育では、学生が健康な生活を送るために「身体運動の重要性を認識し、それを実践しながら、生涯スポーツへの契機をつかんでゆく」という教育目標があると考えています。

では、そうした新しい時代に対応できる「教養教育の実践として、体育はどのように展開してゆくべきか」についてですが、ここでは、そのキーワードとして、「人間力の回復」「社会力の育成」を挙げてみたいと思います。

2．人間力の回復

まず、人間力ということを「からだ」の側面からとらえてみます。文部科学省が実施している「体力・運動能力調査報告書（平成十八年度版）」を見てみると、小学校～大学までの各年齢で、その能力は低下の一途をたどっています。これは、身体的労力をますます排除してゆく現代社会に、人間の身体が徐々に適応してしまっているという深刻な問題と言わざるを得ません。

本学学生の大学入学時点での運動実施状況はというと、平成九（「県立新潟女子短期大学紀要」第三十五号）～十九年度入学生全員にアンケートを実施した結果、約八〇パーセントの学生が運動・スポーツを日常的に実施していないという現状でした。つまり、現在の学生は、健康維持に不可欠

な運動・スポーツ実施がまるで習慣化されていないわけです。極論を言えば、医療費負担の増大すら予測可能という現状なのです。人生八一年時代を迎えようとする昨今、若年層の「からだの土台づくり」を怠ったツケは、今後確実に自分へと跳ね返ってくることでしょう。そんな将来を見通した健康な「からだづくり」こそが、体育が担う役割でもあるわけです。

そしてもう一つ、「こころ」という側面からとらえてみることにします。そこで質問です。皆さんなら、「できないことは…」の次に、どんな言葉を続けますか？ きっと「努力する」「頑張ってできるようになる」と書くのではないでしょうか。でも、子どもたちに聞いてみると、驚くことに、「やらない」と答える子どもたちが非常に多いのです。残念ながら「努力」「頑張る」「根性」は死語になりつつあります。そのような子どもたちが成長して、大学へ入学してくるわけです。私自身は、このような「努力できない」「頑張れない」という「こころ」の問題は、「からだ」の問題と大きくリンクしてくる人間全体性の問題だと思っているのです。

その意味で、「人間力の回復」とは、ただ自己の体力や運動能力を維持向上させるだけでなく、その必要性と重要性を認識しながら、「こころ」の領域へ働きかける試みでもあるのです。例えば、ジョギングやウオーキングをするときに、個人の最適な速度というものは、日的別（心肺機能を強くしたい、体脂肪を燃焼させたいなど）によって変えなければなりません。その速度を決めるためには、心拍数の目標値を求め個々に合った速度を発見することが必要になります。そうしたことを理解して実践するならば、頭ごなしに「ジョギングなんてヤダー」ではなく、「これなら、自分だってできるじゃん！」という自信にもつながります。

また、「できない・やったことのない」運動課題に挑戦し、身体的な自己の可能性を広げることも大事なことです。泳ぐことが良い例かもしれません。「競泳」から「遊泳」に目標変更をすることによって、全く泳げない学生が、三日間の集中授業で不安と闘い、水を克服し、泳ぎを習得してゆきます。人間は沈むことのほうが、浮くことよりも難しいと実感することから始めるわけです。結果、四日目の最終目標である一時間遊泳を達成します。このような身体を通した経験は、できなかった学生にとってみれば、今までの世界観を転換する出来事でもあるのです。達成直後の彼女たちの顔つきは、「自分自身の殻を破った」という「こころ」の充足を物語っているように思われてなりません。

3．社会力の育成

「社会力」とは、「人が人とつながり社会を作る力」ということです。それは、他者への関心であり、愛着であり、信頼感という言葉に集約されると思います。

本学の学生を対象にアンケートを実施した結果（「紀要」第三十六号）、小学校～高等学校までの体育授業経験を表す因子として、「楽しさ・喜び」「活動的不満」「対人的不満」の三因子が抽出されました。その中で「対人的不満」の因子が体育履修を妨げる要因であることが分かっています。その内容は、「みんなの前で比較された」「失敗したとき仲間から責められた」「上手な人と差別された」「チームのまとまりがなかった」が特に高い要因となっています。

確かに、スポーツを行っていく中で、必ず「勝ち・負け」はあります。勝つための戦術や身体技能は、例えば運動方法学、バイオメカニクスなどによって研究され、実践結果によって証明されています。でも、教育という範囲の中では、勝者よりも敗者であることが重要な意味を持ち得るのではないでしょうか。

そこで、美しき敗者（Good Loser）を体育の学習機会として、位置付けたいと思っています。今までは、勝つことの意味を追求する機会は多くありましたが、負けることの意味付けをしてきませんでした。勝者は一握りであり、それ以外はすべて敗者となる現実の中にあってです。このことは、スポーツの世界でよく使われる「リベンジ」などという敵対関係を助長する体育から、勝利を目指し共に戦った相手への、そして、自分のチームメートへの「称賛」を根本とする体育への転換を意味しています。ラグビーは、現代スポーツ発祥の地イギリスの伝統スポーツですが、そこで使用されるノー・サイド（試合終了）という言葉は、このことを端的に教えてくれます。試合が終われば、敵でも味方でもない（どちら側でもない）。つまり、同じ状況を共にした相手や仲間同士が、互いの努力を称賛し合い、同じ人間として融合するわけです。

「社会力の育成」は、自己の得た技能では、これだけのパフォーマンスを得た。そしてチームを組んだ仲間同士で互いの不足を補い合い、あそこまでのパフォーマンスを得た。結果的に相手が勝利したが、勝者を称賛し、仲間の健闘をたたえる。そして次のステップアップのためには、どうしたらよいかを考え、その方法を見つけ出してゆく。人間関係を培いながら、その過程を繰り返すことにより、自分自身を尊敬（SELF RESPECT）する。このような自己と他者とのダイナミックな関係を経験することこそが、「社会力の育成」につながるわけです。このことは、先の「人間力の回復」にも、深くかかわることだと思われます。

4．まとめとして

体育は、われわれの生活に直接役立つのではない。それより、むしろわれわれの生活を豊かにする教養として役に立つものと考えています。なぜなら、逆上がりができたって、われわれの普段の生活は何も変わりません。でも、それができるようになる過程の中に、人間が生涯を通して必要な何かが潜んでいるように思われるのです。今回は、それを「人間力の回復」「社会力の育成」という二つの視点から述べさせてもらいました。私には、前述のような「体育が人間の全体性にかかわる」ということは、決して大げさなことだとは思えません。体育が身体的な経験であるからこそ、まさに身をもった経験として、人生を豊かに生きるための教養として根付くものだと考えています。

青少年スポーツの「暗」に対する取り組み

幼児教育学科講師　渋倉崇行（スポーツ心理学）

大学が果たすべき重大な役割は「研究」することと「教育」することであり、その成果は「社会貢献」という形で私たちの生活を豊かにすることが期待されています。二十世紀における科学技術の目覚ましい発展は私たちに物質的、経済的恩恵をもたらしてきました。このことが科学技術の発展の「明」の部分であるならば、その一方で「暗」の部分があることを私たちは知っています。具体的には取り上げませんが、「暗」の次元は地球レベルであったり人の心レベルであったりさまざまです。そして、その重篤性や対応が迫られる緊急度も多様といえます。しかし、間違いなく言えることは、これから私たちが生きていくためには、この「暗」の部分を直視して、それに立ち向かうことが求められているということです。二十一世紀を迎えた今、私は人間の精神や文化の豊かさに貢献できる研究、教育こそが重要であると考えています。人間にとって幸福とは何なのか、そしてそれはどのようにして実現できるのか」このような普遍的であって現代的でもある問いに答えようとするために、私は大学での仕事に取り組んでいます。

スポーツ心理学を専門とする私の研究上の関心は、「青少年がスポーツ活動を行うことによってさまざまな健康を実現していく」ことの理解にあります。青少年がスポーツ活動を行う代表的な場として運動部活動（以下、部活動と表記します）がありますが、この部活動の本来的な意義は、実は参加者の健康促進というところにあるのです。しかし、部活動が勝利至上主義に陥り、学校教育活動としての範囲を逸脱するようになると、次第に青少年スポーツの「暗」の部分が表面化してきます。以下では、部活動の在り方について私が日ごろ考えていることを述べてみたいと思います。

スポーツ活動には参加者の健康を促進するさまざまな要素が含まれています。例えば、身体運動を行うことで体が丈夫になります（身体的健康）。また、目標に向かって挑戦を続けることで日々の生活に充実感を感じることができます（精神的健康）。さらに、同年齢や先輩後輩と活動を行う中で、多様な人との人間的な深まりを経験できます（社会的健康）。このような機会に恵まれたスポーツ活動は、まさに青少年が幅広い健康を獲得するための絶好の機会と言えるでしょう。このことは、「運動部活動の在り方に関する調査研究報告書」（中学生・高校生のスポーツ活動に関する調査研究協力者会議、一九九七）による記述からも明らかです。そこでは、「運動部員や運動部顧問のみならず、全生徒、全保護者、全教員、校長のいずれも九割以上が、運動部活動は運動部員の生徒の現在の生活に役立つ、将来のために役立つ」と考えていることが指摘されています。このように、部活動の経験が参加者の現在と将来に役立つという考えは、教育現場では一般的です。すなわち、部活動は参加者の現在と将来における健康を実現する機会として重要な役割を担っているのであり、そこでの経験が個人の幸福（well-being）に及ぼす影響は極めて大きいと言えます。

しかし、部活動の現場ではバーンアウト、オーバートレーニング、摂食障害など、さまざまな不適応症状を呈する部員の存在が確認され、また、指導者や部員による体罰がマスコミで取り上げられるなど、現状では部員にとって望ましい部活動の環境が必ずしも整備されているわけではないことが指摘されます。部活動において部員が不適応症状を呈するということは、部活動の意義からかけ離れていると言わざるを得ません。実際に、部活動の制度的位置づけがあいまいな現状において、前記のような問題が生じる可能性は少なくはないのです。これらを受けると、「本当に部活動の経験は参加者にとって役立つものとなっているのか?」という疑問を持たざるを得ません。

このような現状において、私も含めたスポーツ指導者には参加者の現在と将来に役立つ部活動を作り出すこと、すなわち部員にとって「望ましい部活動の経験」を創出することに向けた努力が求められていると言えます。さらに、現代は多様な価値観が存在しており、部活動参加者の期待や要求も多様化しているという実情もあります。そのようなときこそ、「部員にとって望ましい部活動の経験とは、一体どのようなものなのか？」との問いを絶えず発し、それに答えていく姿勢を持つことが重要だと思うのです。すなわち、独善的で画一的な指導理念を固持することなく、常に対象者の置かれている現状を見つめ、個人や社会の要求と照らし合わせながら、適切な部活動環境が準備されるよう自らの実践を省みることこそ、現代の指導者に求められる姿勢と言えるのではないでしょうか。物事に対する新しい見方や発想の柔軟性に基づく研究、実践というものが、今後の部活動の発展には不可欠です。そして、その成果として、部員にとって「望ましい部活動の経験」を創出する、部活動指導の新たな基準を生成することが強く期待されるのです。

私自身の高校時の部活動経験を振り返ってみると、大会での勝利を目指して日々の練習に取り組んではいたものの、朝起きると「また一日が始まった」と憂うつな気分に陥ったことを思い出します。それでも何とか三年間をやり通し、終わってみれば現在の健康に結びつくさまざまな経験ができたと部活動には感謝しています。しかし、部活動のストレスに耐えかねて中途退部した仲間も少なくありませんでした。彼らはスポーツがしたくて入部したにもかかわらず、結局は部活動の意義に触れられるどころかスポーツをする機会さえも失ってしまったのです。部活動はあくまで学校教育活動の一環なのであり、すべての参加者が平等にスポーツに親しみ、学び、その経験から多くの成長を遂げていく権利があることを忘れてはいけません。

本稿では、部活動の在り方に対する私の考えを述べてきましたが、スポーツ活動は個人が主体的に生き生きと取り組んでこそ、その意義に触れることができるものです。特に、青少年のスポーツ活動は彼らの身体的、精神的、そして社会的な健康の獲得に大きく貢献できることから、私たちにはそうした青少年スポーツの意義を確かなものとして、後世に伝えていく義務があると思うのです。その意味で、青少年スポーツの「暗」の部分を直視し、それへの対応を検討するということは、スポーツが真に青少年の成長に寄与できるようになるための重要な取り組みであると考えています。

Niigata Women's College 45th

第4章

環境・福祉・生活

ウェアラブル科学への道

生活科学科生活科学専攻教授　菅井清美（繊維科学、感性工学、衣住環境学）

産業構造の変化、情報化、人口の高齢化、出生率の低下、生活環境の変化などにともない、大学教育内容も変化し続けています。一九六三（昭和三十八）年四月に新潟県の女子高等教育機関として設立された県立新潟女子短期大学は、被服と食物の家政学系大学として出発しましたが、この度、短大創立四十五周年という節目に本学の被服教育を振り返ると、私が今まで歩んできた道でもあります。四九（昭和二十四）年の新制大学発足当時は衣料事情も悪く、家庭での裁縫が衣生活の充実には欠かせない存在だったので、被服製作を中心とする繊維教育は時代の期待を担っており、当初は学問としてのアイデンティティの確立に心血が注がれました。生地を作り、縫製は消費者サイドで行われてきた国内繊維産業も、一九五〇年代中ごろには既製服製造が産業として位置付けられ、大学ではその人材育成も積極的に行いました。

県立新潟女子短期大学の被服専攻の開学当初の教育課程を見ると、被服構成および同実習を中心にして、染色・被服史・服装美学・手芸などを配していました。また、教員免許の取得に力点が置かれ、開学以来数年間は被服専攻全員が教職関係の科目を受講していました。七四（昭和四十九）年には衣料管理士養成教育課程が始まり、時代に即した繊維製品の適正な選択、使用、管理に関する教育を行い、企業と消費者の接点での情報整理や行動調整を促進する衣料問題の専門家を目指しました。やがて関連企業にもコンピュータが導入され、たて・よこ編みの同時編立てやマーキング、裁断、縫製など随所に応用されるようになりました。工業生産といえども少量多品種の時代になり、商品企画が担当できる、あるいはファッションプロモーションのできる有能な人材の育成を目指しました。

被服教育は一般に自然科学系講座と人文科学系講座が協力して被服および関連する諸問題を取り扱いながら、それぞれの素養を持つ専門家を養成するという独自の教育を行ってきました。その後、プラスチックなどの有機材料が生活の中に大量に入り込み、必需品となったにもかかわらず、その一部が被服専攻で教育されてきただけでした。生活環境は急速に変化し多様化していき、このような変化に対応するため、従来の衣を中心とした分野を拡大して、生活全般において人間と環境とのかかわりについて教育・研究する必要が生じてきました。そこで住環境部門も加えて、生活の中の衣および住を人間の最も身近な環境として、総合的に考究することとなりました。地球や人間にとって良い環境、そのための生活材料のあり方、取り扱い方について広く新しい知識と技術を身に付け、将来の生活環境の変化に対応できる卒業生を誕生させ、社会的要求に応えた人材を積極的に送り出すという被服系教育の全国的変化は県立新潟女子短期大学にも波及し、九三（平成五）年に生活科学科と改称され、その後、住部門の内容を次第に充実させて現在に至っています。被服と住居は共通部分が多く、私は両部門の教育・研究を担当していますが、ここでは被服関係についてのみ述べます。

振り返れば、大学四年次に高分子化学を専門とした恩師、中島利誠先生から耐熱性高分子合成のテーマを頂いたのもつかの間、その後、先生の研究テーマが繊維・高分子の吸湿・吸着挙動の解明へと変わり、私は修士課程でキトサンを対象とした高分子の吸湿機構の検討を行いました。キトサンのフィルムと凍結乾燥粉末を作製し、平衡吸湿量や吸湿ポリマー密度などの物性値を測定し、当時、高分子の吸湿によく使われていたBET式やFlory-Huggins式、ZimmとLundbergのクラスター関数などに適用してその吸着機構を検討しました。

一九八〇年代中ごろには世の中にさまざまなものがあふれて大量生産から多品種少量生産に変わり、高分子と水を対象としていた研究室も、家政学部の存在意義や被服学の意義を考えたときに、理学部が物質を対象とし、文教育学部が人間の心を対象としているならば、家政学部は心と物質の相互作用を扱えばよいのではないかという研究室の変化から、吸湿・吸水に関係し人間の心にもかかわりのある対象として、着心地へ、また、水に対しても汗に切り替えていきました。すなわち、身体から外界へ向けての熱・水分の移動現象の解明が始まりました。私も衣服の着心地に及ぼす環境条件や活動量などの影響を考慮して、人工気候室内で被験者による着用実験を数多く実施しました。着用衣服の影響を生体情報から検討するため、皮膚温の周波数解析なども行いました。また、自然界のゆらぎ現象として風を取り上げ、空気の流速と温度をそれぞれ独立に調節できる風洞を用いて、よく整流した乱れのない気流と、乱流格子により乱れを与えた気流に手のひらを曝《さら》し、気流の乱れが温冷感覚に及ぼす影響の定量的評価を行いました。単なる定性的な感覚評価にとどまらず、定量的な温度差を初めて検出することができました。また、着心地に影響を与える要因は非常に多く、定式化が困難であり、このような問題を三層構造の階層型ニューラルネットワークを利用して、衣服の着用快適性予測と着用快適性に影響を与える因子の評価を行い、着用衣服素材の影響を検討するための有用な一手法となることを確認しました。

一方、一九七九（昭和五十四）年にソニーのウォークマンが発表され、情報機器を身に付けるというカルチャ自体が生まれたころから、ウェアラブルコンピュータという言葉が使われるようになりました。もともと被服の分野では、〝被服とは、衣服だけでなく身に付ける物すべて、例えば帽子や靴、めがねなどを含む〟と言葉の使い分けをしており、この意味においてウェアラブルコンピュータは被服ともいえます。現在は腕時計型機器で心拍、体温、体動などを取得して健康管理に役立てたり、ウェアラブルロボット技術を用いたパワードスーツなどがあります。また、コンピュータ制御による義肢も製品化され、チタンやカーボンによる軽量化などもなされて切断者の可能性の枠が大きく広がりを見せています。今後、これらの機械がより小型化、軽量化し、さらに糸として織り込まれ、タグとして縫い付けられて高機能被服になるでしょう。

こうしたウェアラブル機器をより使いやすく、より親しみやすくするためには、人と機械の接点であるヒューマン・インタフェースを使いやすく、親しみやすくすることが必要です。内部知識を有する人間と、情報知財や機能を得意とする機器が場を共有して情報交換をする場合の「場」の機能であり、その場が感性的であれば人間の持つ感性が伝えられることとなります。情報伝達手段は視覚や聴覚によるところが大きいが、力覚や触覚を介した情報の入出力インタフェースも重要で、私は触覚情報の一つとして触感温度に関する研究を近年、進めています。これまで考慮されてこなかった接触熱抵抗の接触面温度に及ぼす影響を検討し、初めて、接触熱抵抗の影響を考慮した皮膚内の温度受容部位での触感温度評価式を提唱しています。さらに、日常触れる物体の表面はさまざまな加工が施されているので、この異質表層材の厚さと触感温度との関係を算出しています。このような実際系に即した触感温度の評価法をインタフェースに導入することで、よりリアルに物体の手触り感を再現することができるでしょう。

さまざまな情報機器を備えた着心地のよい被服を作り、上手に着こなし、管理していくための教育・研究は、これまでの被服学を拡張してウェアラブル科学ということができます。新潟地域は良質な麻の産地として自然条件に恵まれ、江戸時代初期には日本で初めて、緯糸《よこいと》に強い撚《よ》りをかけて縮ませ、シボを出す縮み布を作り出しました。小千谷縮と呼ばれて、重要無形文化財となっていますが、強い撚りをかけた糸は現在の異収縮繊維の先駆けともいえます。今日では、織物技術を応用してガラス繊維を織って電子基板材料にしたり、炭素繊維を積層した航空機の躯体材料などの製造も新潟で行われています。こうした地域で生活し、活躍される学生の皆さんに、進化し続けるウェアラブル科学の知識と技術をぜひ知ってほしいと思っています。

〈参考文献〉

県立女子短期大学二十五周年史編集委員会『県立新潟女子短期大学二十五年史』（一九八八）
中島利誠『被服学から生活工学への展開』（東洋経済印刷・四四－五二、一九九六）
菅井清美『ウェアラブル機器にも感覚評価技術の導入や着心地の評価を』（繊維学会誌・六六－七一、二〇〇六）
菅井清美ほか「産業用新素材としての四軸織物用織機に関する市場調査」（独立行政法人新エネルギー・産業技術総合開発機構、平成十九年度研究開発技術シーズ育成調査報告書、二〇〇八）

研究生活の思い出

生活科学科生活科学専攻教授　佐々木博昭（染色化学、繊維・高分子機能加工）

大学院での研究をスタートとすれば、私は三十八年間研究生活を送ってきたことになります。最初のテーマは「セロハン巻層中の未反応染料の分布について」でした。これを少し説明すると、綿やレーヨンという素材のモデルとしてセロハンを用い、繊維と化学反応する染料で染色するとき、どのようなプロセスで染料が繊維の中に入っていくかというものです。すなわち、私の研究の原点は染色の研究です。この化学反応する染料で繊維を染色すると、極めて強い力で染料が繊維に染まり着くわけですから、洗濯をしてもほとんど色落ちしません。当時、繊維に染料がなぜ染まり着くのかは、理論的にはほとんど解明され、さまざまなタイプの染料と繊維の組み合わせで、工学的な研究が盛んに行われていました。大学院修了後、新潟県の研究機関で六年間現場のニーズに応える研究を行いましたが、三十年前に県立新潟女子短期大学に赴任してきました。どのくらいの量の染料が繊維に入ったかを調べるには、分光光度計という機器があればよいのですが、幸いにも用意していただいてありました。しかし、研究費や実験器具から見て、決して恵まれた研究環境ではありませんでした。当時の著名な先生方や研究者たちの染色研究は、当然のことながら繊維の微細な構造と染料がどのようにかかわるかを分子レベルで解明することが主流でした。少なくとも私のような地方の短大にいる者にとって、同じ道を追いかけることはかなり難しいと感じていました。実際の糸や布はそれぞれの繊維が集められたものですから、母校の教授にヒントをいただき、研究対象として繊維の微細な構造ではなく、繊維の集まりを扱うという通常の流れとは逆の方向を志向することになったのでした。したがって、初期の論文に対する日本の学会での反応は、決して芳《かんば》しいものではありませんでした。このテーマで研究を続け、日本の学会誌に投稿していくことはかなり難しいと悟りましたので、思い切ってアメリカの雑誌に投稿することにしました。例がない研究に対しては、海外の論文査読者はオリジナリティーを認めてくれました。日本の学会誌三編とアメリカの雑誌七編の、約十二年の研究業績に対して博士の学位を取得することができました。学位論文をまとめることで論点を整理することになり、その中で確信できることが一つ浮かび上がってきました。

それは、絞り染めをするときの注意でした。辞典には「糸や板などで布地を部分的に締め付けて防染し、模様を表す染色」と書いてありますが、高級な着物で小さな凹凸のある模様はご存じの方が多いと思います。絞り染めをするときは、あらかじめ水で濡《ぬ》らしておくことと、通常よりも短時間染色を行うことになっています。板やフィルムで覆ってしまえば、染料は入れないが、糸でくくる場合には染料は被染物の中に入ることができます。なぜなら、糸は繊維の集合体であり、繊維と繊維のすき間が存在するからです。私の研究は、繊維集合体の染色に関するものであり、布であれば糸と糸、繊維と繊維のすき間から染料が繊維集合体へ入るプロセスを追跡したものです。そこから得られた知見は、繊維集合体へ染料が浸透していくプロセスとして次のようなことです。水で満たされた繊維と繊維のすき間がどのくらいあるかによりますが、そのすき間は染料分子の大きさの千倍以上であり、その間隙《かんげき》を染料分子が繊維集合体内部へ浸透していきます。浸透していく速度は、染料が水溶液中を移動する速度に対し、繊維が染料を引き付ける力が強ければゆっくりですし、弱ければ速いということになります。すなわち、染める前に水で濡らしておかなければ、毛細管現象によって染料液は急速に中に入り、絞り染めの模様は輪郭がぼやけた状態が避けられません。糸と糸、繊維と繊維のすき間にある水の中を染料がゆっくりと浸透していくことによって絞り染めが出来上がることになります。ですから、赤と青の染料を使って紫に染めようとしたとき、もし赤が速く青が遅い場合には、紫色の絞り模様の外側に赤い縁ができることが理論的に予測できますし、実際確かめることができます。

その後、木綿など水に濡れると膨らむような繊維は、濡れたときにすき間ができ、その中を染料が移動していくと考えられてきましたから、その孔《あな》を見つけようとしました。ポリエチレングリコールは、いろいろなサイズのものが市販されておりますので、繊維の束の中を通過させました。繊維にはいろいろな大きさの孔があるとして、小さな分子はいろいろな孔に入り込みながら出てくるので時間がかかり、大きな分子はそれ以下の大きさの孔に出入りができないので速く出てくるという原理を使うものです。レーヨンは綿に比べて、小さな孔が多くあるといったようなことは分かりましたが、染料がどのような孔を浸透していくのか、これまでの研究結果からは分かりませんでした。

新潟県はチューリップ球根を出荷していますので、花びらは捨てられます。この花びらを使って染色している卒業生がおられます。絹に使用する場合が多いのですが、綿にも使えないかという依頼がありました。天然に存在する色素は、一般に繊維に染まり着こうとする力が弱いため、金属を使用します。ナス漬けに使用するミョウバンをはじめいろいろな金属を試しましたが、洗濯したとき色落ちが少ないのが鉛でした。しかし、鉛は人体にも地球にも優しいとはいえず、研究はそこで止まっています。ほかにも成功しなかった事例もたくさんあります。紙おむつは多量の水分を含み、燃えるゴミとして処理されているので、エネルギー消費の観点から簡単に分解する方法を考えました。酸、アルカリや過酸化水素などが有効に働くことが分かりましたので、ある企業と公開特許を出しました。水分を多量に吸い取る吸水性ポリマーを分解し、混入されているパルプを回収できるのですが、紙おむつのメーカーに「新しいパルプは、それほど高くはないですよ」と言われ、どこからも問い合わせがなく、その後そのままです。

これまで述べてきたのは代表的なものですが、残念ながら人々の生活に直接役に立つ成果はありませんでした。それでもさまざまな知見は、教育に反映できたと思っています。自分のデータを示しながら講義する場合は、自分で意識しなくても意気込みが違う気がしますし、失敗談のほうが学生にとって理解してもらえたのではないかと自負しています。教育、研究と大学運営などの三足のわらじは、もう少し履き続けなければいけないかなと思っているこのごろです。

信頼に応えることの難しさ

生活科学科生活科学専攻准教授　坂口　淳（住居学）

生活科学専攻において「建築」の授業を担当してから十数年がたちました。十年一昔といいますが、私の専門分野においても、大きな変化のあった十年であったと思います。

十年間の中で「建築」分野として、社会的に影響のある出来事としては、マンションを中心とした耐震強度偽装の事件があります。二〇〇五（平成十七）年に発覚した偽装事件は、建築業界全体の信頼を失い、信頼回復のため法律の大幅な改正へつながり、現在に至るまで産官学一丸となった取り組みが進められています。

さて、総務省の労働力調査によると、日本の労働人口六千五百五十万人のうち、八パーセント（五百四十万人）が、直接的に建設業へ従事しています。建材メーカーや小売り、不動産業、建築関連の金融・保険業を含めると国民の三分の一が建設業に関係しているといわれています。最新の国土交通省の建設工事施工統計調査報告によると、バブル期の百兆円ほどの規模ではありませんが、年間の工事高は約八十八兆円に推移しています。

このように、建設業界の規模や社会的な影響は大きいものの、建築業はしばしば政治的な話題で取り上げられることもあり、世間からは若干ダーティーに見える部分があるようです。企業はコンプライアンスを重視し、社会的な責任を果たしていくことがより重要になっていくと考えています。

さて、大学関係者の役割や責任は重いと思います。単に「建築」の技術・芸術の知識を教育研究しがちの部分がありますが、社会人として、高い倫理観、強い信念を教育していく必要が今後は特にあるのではないかと考えています。病院などの医療の場面では、アカウンタビリティー（説明責任）が強調され、生死を含む医療の信頼を確保するために、「説明の技術」というものが定着しているようです。建築業界は必ずしも建築の知識のある人が建設会社の営業をしているわけではないため、しばしば「話芸」で説明しているところを見掛けます。私も大学人として建築の専門知識を持っていると思いますが、企業の方に非科学的な「話芸」の洗礼を受けることがあります。多分、話をした企業の方は、信念があって説明したのではないかと思いますが、困ったものです。このため、大学教育として、当たり前のことではありますが、学生へ正しい専門知識を提供し、「話芸」を鍛えるのではなく、学生自身がきちんと正しく説明できる能力を養うことが大切なのではないかと考えています。

さて、私の専門分野である「建築」分野は、現在分岐点にあります。日本の人口が減少傾向となり、地域格差が進む時代において、土木工事を含む国内の建設工事は急激に減少していくものと考えられています。人口に応じて仕事が少なくなることはある種、仕方のないことですが、人口減以上の急激な変化は働き場所の確保のために大きな課題となります。このため、業界全体の業態転換を視野に入れて教育・研究し、正しい知識を社会へ発信していく必要が大学として求められていくのではないかと考えています。建物を造り続けていくことから、安全性の高い良質な建物を社会へ提供し、長く使ってもらえるようにしていくことが、地球環境時代の建築ではないかと考えています。居住者の意識や生活のしやすさに立脚し、生活を科学していくことは、時代の流れであり、新潟県において、県立新潟女子短期大学家政科、生活科学科の礎は、これからの新潟の糧になるのではないかと考えています。

最後に、一九九七（平成九）年四月に着任してから現在まで、多くの学生と出会い、かざし会やあかね会の同窓会をはじめ、県内の企業や大学関係者の多大なるご支援を頂けましたこと、厚くお礼申し上げます。

〈見えない都市〉のデザイン

生活科学科生活科学専攻准教授　関谷浩史（都市デザイン、ユビキタス、脳科学）

〈ユタカ〉から〈ユトリ〉の生活へ

新幹線から降りた昨今の東京駅には、巨大な高層ビルが林立しています。しかしかつての東京駅は、辰野金吾による重厚な赤レンガの建築と、その先に三十一メートルの高さで統一された、瀟洒《しょうしゃ》なオフィス街が広がっていました。ではどうしてこの街は、こんな不統一な景観に変貌《ぼう》してしまったのでしょうか？

こうした近代都市の誕生は二十世紀といわれていて、交通機関の発達と技術革新が近代都市の骨格を築き、都市は急速に拡大していきます。そこに資本主義経済が需要を見つけ、「効率性」という近代思想が追い風となり、土地や建築物が投資対象になることで、地価の高い商業・業務地域では、「土地の高度利用」が常識になりました。

こんな時代の流れの中で、丸の内は真摯《しんし》な開発モデルを提示しているとは思いますが、皇居に面した東京の玄関口で、一丁ロンドンといわれた当時と比べ、どこか文化が薄まった印象を持つのは、私だけではないでしょう。

冒頭の事例は二十一世紀の都市に対し、重要なヒントを与えてくれます。そこで私は、「ユタカな生活」と「ユトリの生活」という二つのキーワードから、未来の都市について考えてみたいと思います。

まず二十世紀の近代都市は、「ユタカな生活」の時代でした。この「ユタカさ」は、「成長」という〝今より将来がよりよくなる〟という共通了解を含んでいます。しかし経済の低成長時代を迎えた私たちは、「ユタカさ」という神話のために、いつしか「成長＝ユタカ」であるかの錯覚を抱き、〝より多くを得る〟ことが社会的成功だと短絡しますが、果たしてこれが真のユタカさなのでしょうか？

近ごろの経済学者は、〝富の多さが幸福を保証しない〟多くの事例を発見し、無限な欲望を肯定した資本主義に対し、時代の違和感を口にしています。私は必ずしも資本主義否定論者ではありませんが、マクドナルドやコンビニに見る「ファーストフード文化」は、〈地域文化の衰退〉や

〈貧困な食生活〉という地域的弊害を招いているため、否定的な印象は否めません。

さらに、欲望を喚起させる消費文化が、企業に成長幻想の口実を与え、生活者の必要以上の消費意識が、企業に〈資源の浪費〉や〈産業廃棄物〉というしわ寄せを押し付けています。その結果が、〈地球温暖化〉という環境破壊に進展している実情を鑑みると、生活者と企業は共犯関係にあると言えましょう。

こうした時代認識から〝都市の成長は終わった〟という専門の発言が目立ち、「縮小する都市」という研究をしている専門家もいます。すなわち現在の日本は、「衰退都市（成熟都市）」という未開領域に直面したため、われわれの生活と都市の関係は、見直される時期にきました。よって「ユトリの生活」から新たな都市を想像することは、成熟化社会へのヒントを見つける試みでもあるのです。

〈見えない都市〉の創造

「ユタカな生活」から「ユトリの生活」への変化は、生活における消費意識が、「モア（more）」から「イナフ（enough）」に変わることを意味します。すなわち、〝節度のある生活への変化〟とも言い換えられます。

「経済」を英語で「Economy」と言いますが、この言葉には「倹約」という別の意味もあります。さらに高名なマックス・ウェーバーは、資本主義の起源を「プロテスタンティズム」に見いだしていて、労働における「倹約的（禁欲的）精神」は、資本主義の「合理的精神」につながると言っています。このことからも、資本主義を全面否定する根拠は見当たりません。

では、「合理性」を追求してきた近代都市は、どこで脱線してしまったのでしょうか。私はその原因を、「合理性＝利便性」と読み替えた時代認識にあると考えます。どういうことかというと、技術は機械によって身体能力を拡大し、〝便利な社会〟を創造してきましたが、マーシャル・マクルーハンはこの現象を「外爆発（explosion）」と呼びました。つまり、〝ハンマーが手の延長〟〝車が足の延長〟〝カメラが目の延長〟〝電話が耳の延長〟と見なす、〝物理的な肉体機能の拡大〟を指向した現象です。

しかし、この「外爆発」が、人間の大部分の身体機能を拡大してしまうと、本来的な目的は曲解されていきます。すなわち、人間がすべき行為までも無理やり機械依存させることで、〝企業の需要創出→生活者の習慣化〟という負のスパイラル（過剰利便性）が生まれ、近代都市はゆがんでいったと私は考えます。

ところがマクルーハンは、「内爆発（implosion）」というもう一つの現象を提唱しています。これは〝微視的な中枢神経の拡大〟という神経を延長させる現象であり、情報の伝達／認識／判断を担う、いわば〝見えない技術〟が「内爆発」の特徴です。

さらに脳科学には、有名な「九五対五の法則」というものがあります。この法則の意味は、〝人間の自覚している情報は全体の五パーセントにすぎない〟というもので、大半の情報は無意識で自動処理されているのです。

こうした事例の一方で、近代都市は視覚依存の都市構造を持っているため、〝目に見えない情報系の役割〟は軽視される傾向にありました。その結果、情報技術の飛躍的な進歩に対し、〈ネットワークの未整備〉や〈情報互換性の不備〉が、〈流通コストの増加〉や〈設備投資の未利用〉を産出し、無駄に「社会コストの増大」を招いていました。さらに地球上の環境破壊も、こうした要因の延長にあるため、問題は非常に根深いと言えましょう。

従って本来の資本主義に基づいた都市では、技術開発を「外爆発」から「内爆発」に修正し、日常生活の大半を担う情報インフラを再整備することで、人知を超えた膨大な情報を処理・管理できる「神経ネットワーク（知能）」の挿入が必要なのです。そして私は神経ネットワークを有する〝見えない都市〟を「知能化都市」と名付け、二十一世紀の重要なテーマとして研究を進めています。

〈健康都市〉の薦め

私は大宮周辺地域の都市開発における将来構想立案に携わっています。大宮では二〇〇八年四月から、さいたま市主導の「大宮駅周辺地区都心構想策定委員会」が設立し、私は「情報社会委員会」のワーキングに従事することになりました。

この委員会の目的は、微小化されたコンピューターを都市空間に偏在させ、コンピューターネットワーク「ユビキタスプラットホーム」によって、CO_2やエネルギー、交通や流通、経済や医療などの合理化を図り、低成長時代に見合った社会コストに修正させることにあります。そして本委員会は、早稲田大学理工学部の渡辺仁史教授を筆頭に、民間企業の協力の下に研究が進められています。

この自律的な知能を有する「知能化都市」は、人為の及ばない領域へ自己修復機能（ホメオスタシス）を持たせ、都市の〝持続的な健康〟を促すことで、〈高齢社会〉や〈医療情勢の悪化〉を解消させる都市なのです。

従ってユトリ時代に生きるわれわれは、網羅万象を「情報」という視点から見直し、無駄な社会コストを削減することに地球延命の秘訣《ひけつ》があるため、この研究は意義深いテーマであると自負しています。

心理学、そしてカウンセリングとの出合い

生活科学科生活福祉専攻教授　石本勝見（臨床心理学）

1．心理学を学ぶ

私は臨床心理学、発達心理学、教育心理学などを教えています。さぞかし心理学を立派に学んできたのでは、と思う人がいるかもしれない。そうではない、実際は。大学も一年浪人してやっと教育学部に入ったし、大学院にも行っていない。あるのは三十数年の現場経験、児童相談所での心理判定、知的障害、非行などの児童福祉施設、県庁の福祉行政の経験です。心理学との出合いも相当いいかげんです。私が入学した大学は、入学後に自分の学ぶ専攻を決めるシステムでした。その案内の掲示があったときにすぐに教務掛に駆けつければいいものを、私が行ったときは

すでに国語とか社会などの「専攻」は満杯で残っていたのは教育学と教育心理学の二つだけでした。どちらも高校の時には聞いたこともない「学」であり、しまった、遅すぎた、と思ったが仕方ない、どっちかにするしかなかった。

何も判断材料がないのだから、えい、やあ、で決めるしかない。教育心理学のほうが「なんとなくいい感じ」がしたのでこっちに決めた。ずいぶんいいかげんだと思うけども、後になってロジャーズを学んで、そのとき自分が素直にそう感じたことは大事なことだし、自分自身を信頼して、その流れで生きていくことも大事なんだ、と納得しています。

2．ロジャーズのカウンセリングとの出合い

大学を卒業して、長岡市にある中越児童相談所に勤めることになりました。仕事は心理判定ということでした。これなら一応学んだ心理学が役に立つ、と喜んだ。一方教員採用試験は「B」で教員になれなかった。そんな劣等生が後で短大の教員になる、というのもおかしい話です。

話を戻そう。長岡市には私が大学二年生まで学んだ新潟大学教育学部長岡分校があります。場所は現在の付属小学校があるところです。そこに心理学を初めて教えていただいた恩師の斎藤和代先生（男性）がおられた。われわれ学生は、当時「ヴント」と言っていた。一八七九年にライプチヒ大学に世界で初めて心理学実験室を設置し、科学的心理学を始めたという偉大なウィルヘルム・ヴント先生のお名前を斎藤先生にささげたのです。そのヴント先生が中越地区の心理学関係者、裁判所の調査官、病院の心理職員、学校の生徒指導担当教員、養護教諭等を会員とする「中越カウンセリング研究会」を主宰しておられた。研究室にお邪魔しているうちに、案内状の

発送や会場の予約などをお手伝いするようになりました。頼まれた、というより自分から進んでボランティアを始めた、というのが合っている。この研究会は毎月一回開かれていたのだが、実はここで私は鍛えられました。研究会の内容はさまざまであった。ケース事例の検討もあったしカウンセリングの基本的テキストの学習もあった。長岡分校から人文学部に移られた長塚康弘先生も新潟から熱心に参加されておられた。

長塚先生はロジャーズの最も有名な「セラピーによるパーソナリティー変化の必要にして十分な条件」（一九五七年）論文を紹介された。そのとき初めてロジャーズの論文に直接触れることができた。そのほか、今でも強烈にこころに残っているのは、佐治守夫さんの「カウンセリング入門」を学んだことです。新書判の小さな本で、佐治さんのカウンセリングについての本であるが、ロジャーズのクライエント・センタード理論を基に書かれているとみていい。「聴くこと」のすごさである。当時の本を見てみると、所々に「よく理解できない」「何だ?」などの書き込みがある。頭で分かろうとしていた。治療体験がないときだから仕方ないのだが、ロジャーズの理論は自分自身の治療体験を整理し、リサーチで検証しそれを理論化、言葉にしている、それを頭だけで分かろうというのは無理があります。その後、治療ケースの経験を重ね自分のケースを振り返る機会や先輩からスーパーバイズされた経験などから「なるほど」とうなずくことができるようになりました。

この本を私の短大のゼミで学生諸君と一緒に読んだことがあります。学生は「難しい」「分からない」を連発していた。そうだろうな、と思う。私が分かったことを、私の言葉で、分かってほしいと心を込めて学生諸君に話した。人が人にかかわって、その人が成長してほしい、うまく生きていってほしい、と願うのであれば、ロジャーズの考え方はその最も基本的なものである。そう信じています。事実、いろいろな心理治療の理論があり、立場があり、技法があるが、どの心理治療を行うにしても、セラピストの基本的態度については、私の見るところ、ロジャーズのいう三原則、①無条件の受容　②共感的理解　③自己一致を挙げる臨床心理学の教科書がほとんどである。それだけ基本的で大事な理論であると思っています。

3．若い学生諸君へ

E・H・エリクソンによれば壮年期の発達課題は「世代性」といわれています。大事な点は、次の世代を支える子どもたちを産み、大事に育て、そしてバトンを渡すことだと思っています。私も若い諸君にバトンを渡したい、バトンをつなぎたい。そうであるなら、私のバトンの中身は何であるか？　何を引き継げばいいのか？　今のところ「ともに生きる」「助けたり助けられたり」「人は条件が整えば建設的な方向へ成長・変化する」「人の行動は個人と環境の関係で理解する」などが大事ではないか、と思っています。大したことではないかもしれないが、もしよければ受け継いでもらいたい。そして、今度は諸君が自分の人生をかけて、大事だと思うものを見つけ、育て、次の世代へバトンを渡してほしい。最後にいい話を聞いたのでお伝えしたい。ある本に、人が大きく成長できる機縁になることが三つある、という。一つが浪人すること、二つ目が破廉恥《はれんち》罪でなく刑務所に入ること、三つ目が大病をするか、死ぬ思いをすること、とあった。私は二つ目はないが一つ目、三つ目の経験がある。蛇足です。

子ども支援の実践を通して児童福祉研究を知る

生活科学科生活福祉専攻准教授　植木信一（児童福祉）

1．そんなに無理をしなくてもいいよ

二〇〇七（平成十九）年七月一六日午前十時すぎ、九階にある私のマンションが左右に大きく揺れ、中越沖地震が発生しました。急ぎ勤務先の大学へ行き、所属する専攻学生の安否確認を行う緊急作業の中で、中越地方の被害の大きさをあらためて知ったのです。

自分には何ができるのだろうかと考え、とにかく現地へ行って何でもさせていただこうという結論の下、直後の週末、柏崎市内のA地区を中心にボランティアを行いました。避難所になっているB小学校では、学童の姿を多く見かけましたが、どの子どもも友達と一緒にいて、努めて明るく気持ちを保とうとしているように見えました。

次の週末は、そのB小学校で再開された「放課後児童クラブ」の子どもたちを対象に遊びプログラム支援を実施しました。そこで確認したことは、放課後児童指導員自身も被災し、とにかく安全確保を最優先にするなかで、夏休みの行事やプログラムを縮小せざるを得ない状況にあることでした。

中には、過度なほどに甘えてきたり、または逆に攻撃的な様子を見せる子どももいて、それぞれの方法でストレスを発散していたのだろうと思います。いずれにしても、一人だけでいる子ど

もは皆無でした。むしろ「もっと私にかかわって」「そして安心させて」と言っているように感じました。

子どもたちは、さまざまなサインを訪問する私たちに向けてきます。本当は不安で泣きだしそうなギリギリの気持ちで笑顔を向けてくる子どももいたに違いありません。やはり「不安」なときほど、「かかわる」ことで、子どもたちは「安心」を確保しようとしているのだと確信した出来事でした。
○七年八月の夏休み期間中は、ボランティアの行き届きにくい放課後児童クラブを中心に、できるだけ遊びプログラム支援に出掛けようと急きょ計画し、約十カ所の放課後児童クラブを訪問することができました。
○八年三月の春休み期間中も再訪問し、今後も継続して再訪問する予定にしています。「大丈夫だよ、そんなに無理をしなくてもいいよ」―そのような気持ちで、再会してこようと思っているのです。

2．子どもたちの心の叫びが聞こえる

現在、私は、子どもたちが自由に利用できる電話回線で、悩みがあってもなくても利用できる子ども専用何でも電話「チャイルドライン」という活動に継続的にかかわっています。

電話をかけてくる子どもたちの中には、自分の話を聞いてくれる相手にやっと出会えたような様子を見せる子どもが少なくありません。中には、電話回線でつながっている話し相手のスタッフを独り占めしたくて、何度も何度もかけてくる子どももいるほどです。

そうした子どもたちは、おそらく、これまで彼らの話を真剣に聞いてくれる大人や友達が、ほとんどいなかったのだろうと思われます。あるいは、大人や友達が周りにいたとしても、いつもはぐらかされ、真剣に聞いてもらえた経験が少なかったのかもしれません。それでは、「あきらめ感」が募るのも当然だろうと思うのです。

ベネッセコーポレーションが二〇〇六（平成十八）年に発表した「学習基本調査」によると、社会観に関する問いで、「いい友達がいると幸せになれる」と答えた小中学生は、いずれも九割を超えています。高校生においては、さらに高い九六・三パーセントに達しており、ほとんどの子どもたちが、友達とのかかわりを大切に思っていることがうかがえます。

しかし一方で、「日本は努力すれば報われる社会だ」と答えた小学生は六八・五パーセント、中学生五四・三パーセント、高校生になると四五・四パーセントと、学年が上がるにつれて「あきらめ感」が拡大しているようすも分かります。

また、特定非営利活動法人ジェントルハートプロジェクトが、〇六年に発表した調査結果によると、「いじめる方が悪い」と思っている小学生は六割を超えたのに対し、中高生は四割台でした。同じ調査で、「いじめられても仕方のない子はいるか」の問いに、「いいえ」と答えた小学生は過半数に達した一方、中学生では四割台にとどまっています。

友達との「信頼」を求めながら、一方で「あきらめ感」を抱かねばならない子どもたちの心の叫びが聞こえてくるようでとても切なくなります。

3．子どもたちの望みをつなぐ砦《とりで》となる

被災地柏崎の子ども支援や、チャイルドライン実践から見えてくるものは、ストレスが蓄積すればするほど、人と人とのつながりや信頼を求め、よりどころにする子どもたちのエンパワメント（自己肯定感の発揮）の存在でした。力がないのではありません。本来持っている力をうまく発揮できずにいる環境条件下で、結果的にストレスをためざるを得ないのだとあらためて確認することができるのです。

子どもたちには、短時間でも真剣に寄り添う「継続的な経験」が必要です。「誰も自分のことを真剣に心配してくれない」という感覚の積み重ねは、「不信感」につながり、実際そのような不信感を抱えながら生活している子どもたちの本音が吐露されるのです。

「この大人は果たして信用できるのだろうか」という感覚で、私たち大人は見られているのではないでしょうか。それでも「もしかして寄り添ってくれるかもしれない」という期待を持ってかかわってくる子どもがいるとすれば、私たち大人は、その期待を裏切ることはできないでしょう。

むしろ、「いつもあなたのことを見ているよ」という態度で寄り添うことが、子どもたちのわずかな望みをつなぐ砦になるのだと確信しています。実践活動を通して、やはり、児童福祉研究とは、子ども支援学なのだとあらためて思うのです。

子育て家庭への応援歌

生活科学科生活福祉専攻准教授　**小池由佳**

（社会的養護も含めた子育て支援のあり方）

皆さんは「もし自分が親になったら…」と考えたことはありますか。「子どもがほしい」と思うとき、その子どもに対して、精いっぱいの愛情をかけて育てることをごく当たり前のように考えている自分はいませんか。そして、自分にはできる、とも思っているのではないでしょうか。

「朝」

その日、私はもう一切のことを放棄したくなった。

ご飯を作ること、子どもを風呂に入れること、仕事に行くこと、自分のための資格の勉強でさえどうでもよくなってしまった。

幸か不幸かたまたま早めに帰宅していた夫に「子どもを風呂に入れて」と放り出し、布団を頭からかぶって泣いた。「疲れた！」「何もやりたくない！」と声を上げて泣いた。

風呂から上がった二歳の娘も、ただならぬ様子を感じたのか泣き始めた。抱っこをせがまれたが、私はしなかった。夫が「大丈夫？」と手を差し伸べたが、私は払いのけた。

私は一人になりたかった。

翌朝、いつもより早く目が覚めた。

昨晩、あのまま泣きつかれて眠っている娘の顔を時を忘れて眺めていた。しばらくたち、目を覚ました娘はにっこり笑い、「ママ、かわいい」と言った。じーんとした。

昨夜、抱っこもせずに突き放した私に心からの愛情を与えてくれる娘。言葉にならない。子どもは眠ったら、すべてを忘れるのだろうか。「大人」の私は、目が覚めてもウジウジ思い煩っていることが多い。

親のあまりの不完全さを、朝が来るたびに許してくれる娘のおかげで、私はこれからも成長していける、と勇気づけられた。

（毎日新聞「女の気持ち」二〇〇六年七月六日より）

このお母さんの投稿を読んで、あなたはどう感じますか。このお母さんは特別なお母さんでしょうか。子どもから抱っこをせがまれているのに、突き放してしまったお母さん。自分なら絶対こんなことしない、と思った人もいるかもしれません。

しかしながら、この投稿からは言葉にならないお母さんの日常が見えてきます。日ごろ、家事も仕事もそして子育てもしながら、自分の時間もつくり出そうとしている。子どももかわいい、夫との関係も良好。でも、そんな毎日は張りつめた糸のような状態。その糸が何かの拍子にぷつんと切れてしまった。この投稿はそんなお母さんの心からの叫びのように思います。

このお母さんは特別な方ではありません。今の社会の中で、子育て中のお母さんたちは、多かれ少なかれこのお母さんの気持ちに共感できるのではないかと思います。あなた自身、このようなお母さんにはならないと言い切る自信はありますか。またあなたのパートナーがこのような気持ちにはならない、という確信が持てますか。

こういった子育て中の親を支える社会をつくり出していくこと、子育ての楽しさを実感できる社会を構築していくことが望まれています。子ども家庭福祉の分野ではこのような取り組みを「地域子育て支援」と表現しています。地域の中でごく普通に子育てをしている親や家族を支援する、子育てを社会がサポートするという仕組みやシステムをつくり出そうという営みです。

その中でも「親子の居場所」をつくることは、国においても、地域社会においても、力を入れられている取り組みの一つです。今のわが国は世界に誇る（？）少子社会。社会において、親子連れは少数派となってしまいました。少数派に対する必要な配慮がなされる…そんな福祉社会が実現されることを願いますが、道のりは厳しいです。第二次ベビーブーマーの筆者の子ども時代、親子連れはごく当たり前でした。隣近所もみな子育て中といったところでは、自然と互いに見守る関係性も生まれていました。子連れ親子が少数派となった今、そういった関係性も発生しにくく、社会の中での居心地の悪さを感じている親子も多くなっています。そんな親子に居場所を提供する代表的なものは、「地域子育て支援センター」（正式には地域子育て支援拠点事業のセンター型）と言えるでしょう。〇～二歳の子どもがいる親が子どもと一緒にやって来て、遊んだり、行事を楽しんだりする場と言えます。特徴は、専属の保育士などが配置されていることです。親にとって、子育ては試行錯誤の連続です。ちょっとした疑問や子育ての悩みを聞いてくれる専門職が配置されていることが親の支えになります。また、ほかの親や子どもたちと一緒に過ごすことができることで、ほかの子どもを見ることができ、親同士での会話を楽しむことができることも大きな特徴です。

そのような「親子の居場所」による支援は今の子育て中の親子にとって、必要なサポートです。と同時に、私が注目しているのはその場で起こっている「親子の分離」です。就学前の子どもたちが、日中過ごす場として、もっとも多いところはどこだと思いますか。子どもは三歳になれば、そのほとんどが幼稚園や保育所で過ごしています。しかしながら、〇～二歳の子どもたちの多くは家庭で過ごしています。ということは、親が子どもを家庭でみており、核家族が多い現代社会では、親は二十四時間三百六十五日、子どもから目を離すことができない状態にあると言えます。緊張の連続です。支援センターでは子どもを一時的に預かっているわけではありません。むしろ親に対して、「子どもから目を離さないでください」とアナウンスしているぐらいです。しかしながら、親にとって家庭で「子どもと自分しかいない」という状況から解放され、「自分以外の大人がいる」「安心して子どもを遊ばせることができる」場にいることで、緊張の緩和、つまり気持ちの上での「親子の分離」が起こっているということができます。この緊張の緩和が、子どもにとっても親にとっても、その間にいい関係を生み出すことにつながると考えられます。

先に挙げたお母さんも、一時的にすべてを放棄することで、結果としては親子の分離を生み出したと言えるかもしれません。しかしながら、この方法は一歩間違えれば、悲劇につながることもあります。張りつめた糸が切れる前に、「親子の分離」を社会的につくり出していくことが必要です。それは決して「親に子育てを放棄させる」ものではありません。精いっぱい子育てをしている親に寄り添い、「子育てはあなただけが抱えなくていいんだよ」という社会からの応援歌だと思うのです。そのメッセージによって、親が子どもとゆっくりと向き合える自分を取り戻せたら、親にとっても、子どもにとってもそれが幸せ（＝福祉）につながることなのです。

先のお母さんは、子どもの笑顔で自分を取り戻すことができました。たくさんのお母さんたちの笑顔を引き出せるような社会。それが子どもの幸せにつながることを確信しながら、地域子育て支援のあり方を研究する日々です。

〝変わる〟社会保障制度を生活実態と歴史から見る

生活科学科生活福祉専攻講師　小澤　薫（社会保障論・生活構造論）

現在、貧困問題の解決は国際的な緊急課題となっています。日本においても、生活保護をめぐる訴訟、餓死事件、野宿者（いわゆる「ホームレス」状態にある人々）の存在など、憲法二五条で規定されている〝生存権〟保障を形骸《けいがい》化させるような現実が露呈し、多くの人々が非人間的な生活・人生を強いられています。〝生存権〟保障を政策目的に掲げる社会保障制度の谷間に、このような人々が存在するということは、誰もがこのような状態に陥る危険性があると言えるでしょう。このような問題意識から、「現代の貧困と社会保障」というテーマを設定して、貧困問題の所在と政策的課題について、「貧困」「失業」「社会保障」をキーワードに、理論と実践の双方の視点から検討することをライフワークにしています。

ここでは、高齢者の暮らしを取り巻く状況から社会保障制度について考えていきます。昨今の高齢者に対する施策は、相次ぐ負担増として現れています。医療費の自己負担増大、介護保険料の引き上げ、施設における食費・住居費の徴収、税制における老年者控除の撤廃、年金者控除の縮小などが行われています。高齢者世帯の「一人当たり平均年収」が勤労者世帯とほぼ同額という「事実」から派生した「負担力のある高齢者」といった理解がその根拠となっています。

しかし、高齢期の生活は、全体として水準が低下します。総務省「家計調査」（二〇〇五年）によると、一カ月の実収入が勤労者世帯平均で四七・六万円のところ、無職の夫婦高齢者世帯では二二・四万円となっており、現役時の半分以下の収入による暮らしとなっています。これは退職など勤め先収入の減少が大きな要因で、高齢者世帯では社会保障給付が大きな位置を占めています。さらにここ五年間は、実収入、社会保障給付ともに減少しています。支出の状況は、勤労者世帯と高齢者世帯で収入ほどの大きな差はなく、特に、食費、交際費、保健医療費は世帯人数の少ない高齢者世帯で大きくなっています。ここ数年の収入の減少、保健医療費の増大は、食費、交際費の減少として現れています。

次に、実際の厚生年金と国民年金の給付額の平均（二〇〇五年度）を見ると、男性で厚生年金一五・四万円、国民年金五・二万円、女性で厚生年金七・四万円、国民年金四・五万円となっていて（社会保険庁「事業年報（総括編）」二〇〇七年十月刊行）、夫＝厚生年金、妻＝国民年金という組み合わせでみれば、月額二十万円ぐらいにはなっていますが、七万円から幅広く分布しています。しかし、受給月額の分布状況を見ると、男性の場合は、二十万円前後が高くなっていますが、それ以下が多くなっています。女性の場合は、厚生年金であっても十万円を超えているのは一三パーセントと、十万円以下の比率が大きく、国民年金では四万円が大きくなっています。そのため厚生年金と国民年金を合わせて六万円以下が五割を占めています。このように現在受給している年金額は必ずしも多い人ばかりでないことが分かります。こういった低額の年金から、社会保険料・利用料、税金が引き落とされています。

収入の減少、負担の増大は、高齢者世帯に対してさらなる食費の切り詰め、交際費の削減、医療や介護サービスの利用抑制を引き起こします。それは、より一層介護を家族に頼ったり、治療をせずに重症化させてしまったり、交際費などの節約によって地域関係を希薄化させてしまいます。国民健康保険の保険料が払えなくなれば保険証が取り上げられてしまいます。大きな負担が暮らしを直撃し、払えない人たちが制度から社会から漏れてしまいます。このように政府の統計から見ても高齢者に負担を強いる現在の制度「改正」は、生活実態と乖離《かいり》したものと言わざるを得ません。

併せて、現行制度の問題点に言及するためには、その制度の史的形成過程および展開過程、つまり歴史的必然性から根本原因を探究することが重要です。そもそも社会保障制度は、自己責任だけでは生活が成り立たないからこそ、社会的な責任によって生活を成り立たせる必要があって生まれたものです。社会的な責任として国や企業が大きな役割を担ってきました。しかし、現状は高齢者が増えて、医療費が増加しているにもかかわらず、高齢者の医療費に対する国の負担は削減されています。企業の収益は増えていても企業の負担を大きく求められていません。刹那《せつな》的ではなく、生活実態、歴史的必然性から自らを取り巻く政治や社会の問題を見ていくことが大切です。

学問とは、「人間とは何か」を知るための手段です。だからこそ、モデルや数式では表現しきれない現実を、人間そのものを扱わなければ、そこに生身の人間が登場しなければ、学問としての意義は半減、いや失われてしまうでしょう。自分たちの身の回りで起こっている社会問題について、何を思い、どう解決していくか、客観的な価値判断をする力を、そしてそれを文章として表現する力を習得することが大切です。高等教育という環境の中で、「人間」を知り、交流の喜びを知り、そして学問を通じて人と人との「環《わ》」を広げていくことを望んでいます。

第5章

学舎を巣立って
―卒業生の声―

病院管理栄養士として勤務できた喜び

元県立病院管理栄養士　田辺正子（家政科食物専攻第一期生）

一九六五（昭和四十）年に栄養士の資格で就職しました。一期生で、自分たちの勉強会「山椒の会」を作り、月一回集まって勉強・交流をしました。その後、「さんしょの会」として食物・栄養専攻の同窓会名となって残っています。就職したころは職場の先輩にご指導いただきましたが、頼るところは「山椒の会」の仲間と食物専攻の先生方でした。相談に乗っていただき、資料を提供いただき、業務に活用できたことは、ありがたかったです。

学生時代、公衆衛生学の授業で、近い将来、悪性新生物・心疾患・脳血管疾患が三大疾病になると学習しました。その予測のようになっていった現代に驚きながら、管理栄養士業務に携わってきました。

六七年、県立病院栄養士として採用されました。現在十五ある県立病院は小規模病院・中核病院・基幹病院と分かれていますが、基本的な栄養課の業務はマニュアルがあって一緒です。転勤したおのおのの病院で、日常業務に追われて新しいことへの挑戦が思うようにできませんでしたが、新しい業務に取り組んだ一部を書いてみます。

七六年四月、県立吉田病院に小児科病棟が増床され、最終的に四病棟二百床の、全国でも数少ない、学校と連携した小児病棟が実現しました。養護学校と病院が廊下でつながり、入院しながら小・中・高校の学校生活を送るのです。給食は子どもたちの楽しみでもあったと思いますが、自分の嗜好《しこう》に合わない、疾病により制限を受け、食堂で食べていても全員が同じ内容ではありません。また疾病による本人の悩み・苦しみなどで食欲もない子どもたちもいて、いかに食べさせるか、食べてもらうかに苦労しました。例えば遠足の場合、弁当を用意して持たせました。疾病により塩分制限・たんぱく質制限・エネルギー制限・アレルギーの代替食品の用意など一人一人違う弁当に名前を付け、内容をチェックします。朝食を用意しながら、ほかの患者の昼食を準備しながらでしたので、栄養課の最大イベントであり、いかに子どもたちの喜ぶ内容にするか苦慮したものでした。

腎臓病食・透析食（小児の透析も少数時代）の給食作りも大変でした。主治医の指示内容で最大限考慮しての献立を作成するのですが、塩分・たんぱく質・時には微量栄養素も制限されますので、調理師と工夫の連続でした。

学校の協力により、家庭科室（調理室）を使用させてもらい、各自の指示内容で児童・生徒らに献立を作成させたり、調理実習をさせたりして理解させ、退院後も自分で食事管理ができるようになってもらいたいと指導しました。主治医・担当看護師とも相談して食べやすいようにしましたが、最後まで難問でした。その後、治療法の進歩・少子化などにより入院する小児の数が減り、現在は入院数が少なくなっています。

小児肥満外来にも長年携わってきました。高度経済成長時代から受診児が増え始め、年々増加しています。集団指導であったり、個別指導であったりですが、医師・看護師とともに肥満外来を卒業できるように指導しました。卒業の条件は体脂肪率が男児二五パーセント以下、女児は三〇パーセント以下と肥満度三〇パーセント以下の条件を二回連続受診しクリアすることです。食事の基本は、成長期なので食事制限よりもバランスの良い食事と消費エネルギーの拡大を図ることです。卒業生へのアプローチは体重を維持し、身長が伸び、本人の自覚の出るころとします。食事は朝・昼・夕と三食規則正しくバランス良く、よくかんで食べることです。卒業後も家族の協力で継続できるとよいのですが、母親も働いていることが多いので難しい現実があります。

最後の吉田病院勤務時に「栄養だより」を毎月一回発行しました。入院・外来患者に栄養課からの情報を発信していきました。

新発田病院では外来患者の糖尿病患者会の手伝いをしました。結成三年目でしたので、会員が勉強会・調理実習・運動療法・ハイキングと自主的に運営していました。一番の行事は健康展（市民参加の公開講座）です。院外に会場を借りて、職員・看護学生のボランティアの協力を得てロビーで血糖検査・血圧測定・糖尿病の食事を毎年工夫して展示しました。舞台では医師の糖尿病の講演・健康テーマの劇（職員・患者出演）・管理栄養士の食事の話・職員と患者のパネルディスカッション・患者の体験発表などから三つを組み合わせて毎年実施していました。市民は毎年二百人ぐらい参加していました。

新潟県立中央病院では新築移転を経験できたことは今になれば良き思い出になっています。

栄養指導を患者に実施するときは、主治医から指示箋《せん》が出てから本人と予約し、自宅から持参の食事記録をチェックしながら、指示内容に近くなるよう指導していました。そのシステムを管理栄養士が外来診察室で待機し、当日受診後、即栄養指導し、次回受診前に食事記録をチェックしながら指示内容に近づけるように、患者と検討していく方法としました。主治医にもすぐ報告できるので、本人も頑張りがいもあって食生活改善の効果が上がりました。

医療業務もコンピューター導入によりオンラインシステムが構築され、発生源入力方式（院内の必要なデータをおのおのの部署で入力する）のオーダーリングシステムで院内の情報を共有できるようになってきました。電子カルテの病院もでてきています。少子高齢化により医療が今大きく変化してきています。その一端に携われたことは微力ではありましたが、私自身にとっては喜ばしいことでした。短大の一期生として希望を持って学び、社会で受け入れられ、育てられた私たちのように、新しい県立大学生がより専門性を身に付けて県民のため活躍できますよう祈念しております。

「けんたん」のおもい

新潟県教育庁上越教育事務所　**鈴木貴江子**（家政科食物専攻第五期生）

県短が誕生したのは一九六三（昭和三十八）年、私が入学したのは六七（昭和四十二）年、第五期生です。当時の学校は、周りが一面畑と田んぼの真ん中にぽつんと建っていました。越後の山奥から県都へ出てきた身には「広いな」「風が強いな」「雪は、下から舞い上がるもの？」と驚きの連続でした。また、先生方の熱意に圧倒された学生時代でした。「君たちは創設期の学生なのだから」と激励され、授業も厳しかったことを覚えています。卒業後、栄養士の資格を得て、産業給食施設の栄養士として一年半勤めました。家庭の事情で地元に戻り、町の教育委員会に学校栄養士として採用されました。その後、現在まで約四十年にわたって学校給食にかかわっています。

思い出すままに自分の道のりをたどってみたいと思います。

まず、管理栄養士の受験です。若いころは、給食管理、特に献立作成や栄養計算が苦手で時間がかかってしまい、ゆとりのない生活を過ごしていました。言い訳をしつつ、受験は遅く、娘や息子の受験勉強に合わせて、隣の机で自分も参考書を開いて勉強しました。

次に、「けんたん」の四年制問題です。

近年、社会変動により食生活が多様化し、生活習慣病予防が大きな問題となっています。当然、栄養士、管理栄養士が果たす役割は重要で資質の向上が問われています。栄養士会や学校栄養士協議会の組織では研修を重ねています。その組織の役員を数年間経験させていただきました。活動を進めていく中で多くの「けんたん」の先生方や先輩、後輩の方々にお世話になりました。「けんたん」この一言で親近感が深まります。学校栄養士の中にもたくさんの「けんたん」出身者がいます。うれしいことです。

その、「けんたん」を四年制にとの動きが出てきました。十年前ごろから、同窓会でも問題となりました。一卒業生として、一管理栄養士としても四年制を熱望している立場として新聞に投稿することにしました。自宅の食卓で土曜日に一気に書き上げたことを覚えています。一九九九（平成十一）年八月、私の投稿が記事になって掲載されました。そして、二週間後、県の担当者からの回答があり、「当分は短大としての役割を果たし、今後四年制化に対して検討する」となっていました。それから約十年が経過し、いよいよ実現の段階となることはうれしい限りです。

最後に、学校栄養士として悲願の栄養教諭への道のりについてです。私たち学校栄養士は三十年来組織を挙げて、栄養教諭の実現に向けて運動をしてきました。そして、社会の要請とともに、二〇〇四年五月、学校教育法をはじめとして関連法案が可決され、栄養教諭が誕生しました。学校教育法第二八条第八項に「児童の栄養の指導及び管理をつかさどる」と明記されました。栄養教諭は「栄養に関する高度の専門性」と「教育に関する資質」を併せ持つ教育職員となります。学校栄養職員は、認定講習で所定の単位を修得して栄養教諭免許状を取得できます。新潟県では平成十九年度に二人の栄養教諭を採用し、学校における食育の基盤整備のために、県教育庁保健体育課と上越教育事務所に指導主事として配置しました。その一人となり現在、悪戦苦闘しています。平成二十年度には新潟市を含む三十人の学校現場の栄養教諭が誕生しました。今後、毎年三十から四十人程度の学校栄養職員を栄養教諭に採用する計画といわれています。新潟県の栄養教諭の採用は他県より出遅れましたが、配置計画が示され、今後の食育推進が期待されます。

栄養士、管理栄養士、栄養教諭としての自分を振り返ってみると、常に「けんたん」とつながっていて、たくさん助けられました。なによりも「けんたん」のパワーをいただいて元気を出してきました。これからは、県立大学として「けんたん」のおもいが続くことを祈っています。

県立新潟女子短大を卒業して教員になったが…

学校法人下条学園むつみ幼稚園園長　庭野克子（家政科被服専攻二回生）

今から四十三年前、海老ケ瀬の田んぼの真ん中に目立つ建物は、開学二年目の県立新潟女子短大でした。一昨年、短大を訪問し、その周辺の変わりようには時の流れを感じました。その折、学生の学ぶ姿を垣間見、月日を経ても開学の精神は脈々と続いていることを実感しました。

私の県短への志望の理由は、①県内にある短大　②自宅通学可能　③公立は親の経済的負担も少ない　④中学校教員免許状も取得できる—などでしたが、教員志望が第一でした。

入学して間もなく、新潟大地震があり、三階の合同講義室から外に向かい、死にもの狂いで行動したこと、その後も揺れの後遺症は三年間も続いたことなど、今でも地震のことを思い起こすとぞっとします。

短大での二年間、凝縮された講義で教員免許状を取得することができたものの、短大卒では中学校教員への道は狭いものでした。やむなく小学校の助教諭として、へき地複式の小学校に赴任しました。被服二回生の教員志望者は、だいたい通信教育で小学校の免許を取得し、三年後に正規採用という道をたどっていきました。そんな中、卒業生の実態を見て、いつも支えてくださったのは、当時の短大の先生方でした。そして、ほとんどの人が正規採用になったころから、毎年、八月八日に短大に集まって、先生方を交えて勉強会を始めました。八月八日の集会…「八・八の

「会」と命名、そして徐々に県短卒の教員の会として輪を広げていきました。しかし、存続できない時代が訪れてしまい、発展的解消を迫られました。

平成の時代に入り、自分が中堅教員と呼ばれるようになったころでした。当該校の校長から「これからは女性管理職の時代です」と勧められ、私はその道を歩み始めました。それまでは、仕事上で短大卒であることを気にもしなかったのに、管理職の道を目指した途端にそれがネックになってしまったのです。落ち込むこともありました。しかし、どうしようもない現実でした。「これをプラスにしなければ私でない！」と、何度も心に言い聞かせながら、管理職としての道を十七年間も歩み、定年退職を迎えることができました。

教員になりたてのころ、県短の同窓会に参加した私に、友人は「あなたは学校勤務で何をやっているの？」と問い掛けてきました。そのとき、即座に、「心を教えに」と答えました。

私は、ずっと「学校は、学習（知）を通して心（徳）を教え、運動（体）を通して心（徳）を教えるところである」という信念を持って過ごしてきました。小学校教員を四十年間（幼稚園兼務三年間）やり、そのことは間違いではなかったと思っています。

かつて、文部省主催の道徳の研修会（一九九四年）に参加した時です。その時の講師の言葉は、私の心をくぎ付けにしました。それは、自分の教育に対する信念と合致していたからです。「魚は水があって生き生きできる」「鳥は大空があって生き生きできる」「人は人間関係があってこそ生き生きできる」という名言でした。

時代が変わり、教育改革の渦の中に巻き込まれても、子どもと教員が生き生きしている学校、保護者や地域のエールが届けられてくる学校、そんな学校をつくりたいと思ってきました。そのことは、「人は人間関係があってこそ生き生きできる」という信念が私の心の根底にあったからです。教育とは、広くいえば、そのことそのものなのだと思います。

退職して三年目、現在、私立幼稚園で幼児教育に携わっています。人づくりの基礎は幼児教育から、「幼児期からの人間関係づくり」が私のテーマです。当園では県短幼児教育科卒の職員が園の中核として大活躍です。共に幼児教育の道を歩み続ける中で、脈々と続いてきている県立新潟女子短大の開学の精神を感じながら感謝の念に包まれている私です。

「一期一会」に想う —学生時代の思い出—

学校法人あおい学園あおい幼稚園副園長・
本学同窓会かざし会会長
井上秋江（幼児教育科第一期生）

私は現在六十歳、団塊の世代です。そのため、小さいころから同年齢の多さによる社会現象を真っ向から受けてきました。このまま行くとあの世に行っても込み合い、千の風どころか万の風が吹き荒れるようになるやも知れません。そんな訳で、中学時代は、一学年十九クラスになり、二年生の時に新設校ができて分離しました。その際建設が間に合わず、近くの小学校に間借り授業となったり、引っ越し作業で机やいすを運んだりしたことがありました。

しかし大変なことばかりではなく、ラッキーなこともあったのです。高校卒業の年には県短に幼児教育科が増設となり、将来を考える選択肢が見つかりました。そこには、私の行く道を決める出会いがありました。個性的な先生方と友との出会いです。故巣山菊二先生には、幼児教育者としての歩む道筋を示していただきました。受験の面接の際、志望理由を聞かれて、「子どもが好きだから」と答えたところ「好きだけではできませんよ」と言われたことが、私の心に衝撃を与えました。また、「カリキュラムとかに神経をすり減らすよりも、毎朝子どもの肩をそっとたたいて笑顔で『おはよう』と声を掛けるほうが大事だよ」との言葉は、朝、子どもたちを迎える原動力となっています。

故山岸正先生には、子どもへの真の優しさが幼児教育の根本であることを求められた思いがします。青柳三郎先生には、子どもの絵の見方とともに油絵を学びました。授業の中でクラス全員の絵を「東郷青児画伯」に観てもらったことは感激でした。

痛くてほろ苦い思い出は体育の授業でソフトボールの時、中学、高校と部活でやっていたことでの変なスポーツマン意識で、ベースランニングで滑り込み、ベースにつっかかり足首をねんざし、今は亡き松木真言先生におんぶされて病院へ連れていっていただいたことです。吉永トシ子先生には「健康な精神は健康な身体に宿る」「かけがえのない命」ということをたたき込まれた思いがします。金田利子先生には弱者に対する優しさと人権についてを水俣病《みなまた》の患者さんへの支援から強烈に学ばせていただきました。

胸ときめいた思い出は長井春海先生のゼミで、国立音楽大学のリトミック研修講座を受講した

野外劇「かえってきたかぐや姫」の記念写真

ことです。海老ケ瀬からポン！と大都会のキャンパスで仲間と一緒に学ぶワクワク感は忘れられません。ゼミといえば岸井勇雄先生の「エミールを読む会」に顔を出し、いっぱし教育論を学んだような気持ちになったりしていました。また、故浅妻康二先生の「社会科学研究会」にも首を突っ込んで、家族関係の調査に佐渡へ行ったり、新潟大学の農学部の学生さんたちと合同で社会問題について学ぶ合宿でにぎり飯を作っていたこともありました。

そしてまた、県短幼児教育科の名物「ピアノレッスン」は、強烈な思い出です。短大へ入学してから本格的に始めた者が多かったのに、先生方の頭が下がる熱意でどうにかこうにか、音楽会に参加という道筋をたどらせていただきました。私の発表曲は連弾でした。初回の会は「○○音楽会」のネーミングで音楽室で行われました。私のつたない演奏を相棒がしっかりと支えてくれて何とか無事乗り切ったことでした。感謝です。その次からは定期演奏会となり、新潟日報社のホールでピアノ演奏と合唱（美しき青きドナウとハレルヤ）を永澤亀先生の指揮の下発表しました。感動のステージでした。卒業してから卒業生の合唱サークル「浜木綿《はまゆう》」として定期演奏会に参加させてもらい、プログラムの最後の合唱「美しき青きドナウとハレルヤ」を心合わせて歌う感動を味わいました。

体育祭では、伝統の第一歩として平和を訴えるテーマの『かえってきたかぐや姫』の野外劇を幼児教育科のオリジナル脚本演出で発表し、みごと優勝でした。「児童文化研究会」で『龍の子太郎』の指人形を子どもたちに見てもらいました。煙を出す場面で生まれて初めてたばこを使いむせて失敗し、涙を流しながら笑い転げた思い出があります。

こう振り返ってみると、あっという間の二年間でしたが、やりたいことを何でもかんでもよくやらせていただいたものだとあらためて感謝の思いでいっぱいです。

卒業したての幼児教育科の集まりの際、巣山先生が「一期一会」のすばらしさを、私たちにお話しくださいました。あれから四十年もたつのですね。でもお話の通り、お一人お一人との出会いで育てられていること、そして、一日一日の大切さをしみじみと感じています。

わがキャリアのルーツはここにあり

阿賀野市立安野小学校校長　岩田すみ江（英文科第九期回生）

1．学生時代の思い出

一九七四（昭和四十九）年四月、英文科に入学。当時、校舎の周りには目立った建物もなく、冬になると「海老ケ瀬おろし」と呼ばれる冷たい風が吹いていました。しかし、校舎に一歩足を踏み入れると、そこは別世界。とても温かい空気が流れていたことを覚えています。

自分と同じ新潟県立中央高等学校出身者が多いこともあり、短大の生活にはすぐに慣れました。せっかく英文科で勉強するのだからと、ＥＳＳに所属し、英会話の腕を磨こうとしました。先輩がきれいな発音で、流ちょうに英語で話すのを見て、驚きとあこがれの気持ちを持ったものでした。卒業後、飛行機の客室乗務員になったり、空港で勤務したりする先輩も何人かいました。

ＥＳＳでは、時々、新潟大学のＥＳＳと合同でディスカッションやディベートを行いました。特にディベートは、理解するのが難しく、いつも気が重くなったものでした。しかし、英語の勉強だけでなく、多くの人と知り合いになり、コミュニケーションをとるおもしろさを学んだことは大きな財産であったと思います。

また、他県から来ている人たちと友達になり、卒業後も文通をしたり、お互いの家を行き来したりして、ずいぶん視野を広げることができました。

二年生の時には、新潟市内の母校で教育実習を行いました。わずか五歳ほどしか離れていない中学生に、「先生」として接することは、それまで経験したことのない戸惑いと、少しばかりの心地よさを感じるものでした。やがてこの経験が、自分のキャリアを決めるポイントとなるのでした。

また、同じ年に、一カ月間、イギリスで語学研修を受ける機会を得ました。これに関しては、短大の先生方から、事前にたくさんの情報を頂きました。いつも先生方からは、親切にしていただき、研究室でさまざまなお話を聞かせていただいたり、ご自宅に遊びに行かせていただいたりしていたのですが、この語学研修についても助けていただきました。イギリスというのはどういう国なのか、生活する上で役立つことやマナーなどについての知識をはじめ、イギリス人のお友達を紹介してくださるなど、本当によくしてくださいました。温かく、丁寧に私ども学生に接してくださる先生方が大勢いらっしゃったことを忘れることはできません。ありがとうございました。

2．四年制大学に編入

こうして、充実した学生時代を過ごしながら、「もっと英語の勉強をしたいなあ」と思うようになりました。そして、私が出した結論は、「四年制の大学に編入すること」でした。

当時は、短大から四年制大学に編入したケースは全くありませんでしたので、とにかく自分で動いて、情報を収集しました。編入を受け入れていない大学もありましたし、短大で修得した単位がどう認められるかも不明確なところがありました。

今のようにインターネットで調べることは不可能な時代です。電話で大学に問い合わせたり、書類を送ってもらって検討したりしました。また、ここでも短大の先生方から相談にのっていただいたおかげで、強い意志をもって進路を選択することができました。

「今の自分を大切に。短大で今勉強していること、これを充実させずに編入はあり得ない。ここでの頑張りが結果となって表れるのだ」―当時の私は、自分にこう言い聞かせていました。そして、七六（昭和五十一）年四月、晴れて四年制大学の三学年に編入を果たすことができました。その後の二年間が、大変密度の濃いものになったことは言うまでもありません。

3．中学校の英語教員に

七八年、へき地の学校で私の教員生活はスタートしました。今では考えられないことですが、小さな山の中学校、それも分校に三人の新卒者が赴任したのです。最初は大学生気分が抜けきらず、服装や行動について、先輩から注意を受けたこともありました。また、とても小さな学校でしたので、専門の英語以外にも、体育、美術などを担当しました。それなりの難しさはありましたが、自然の豊かな環境で、子どもたちと自由に動き回り、保護者や地域の方々から温かく見守ってもらったことは、その後の教員生活の支えとなっています。

三年たって地元の新潟市に戻ってきたものの、赴任した学校は、大規模校で、大変なカルチャーショックを受けました。校内暴力、授業妨害、いじめ、非行などの問題に追われる毎日を送りました。しかし、ここでは二つの大切なことを学びました。一つ目は、人真似すると失敗するということ。どんなにいいと思う指導法でも、そのまま真似をしただけでは子どもに伝わらないことがあります。自分にあったアレンジをすることが必要なのです。一つ目は、英語という専門性で勝負すること。自分のアイデンティティーをしっかり持ち、自信を持って指導に当たることが、子どもからの信頼につながるということを学びました。必死に英語指導の勉強に励みました。

三校目、四校目は、同じ新潟市の中学校でした。英語教師として最も成長し、力を発揮できた時期であり、学校という組織の中では、ミドルリーダーとしての役割を持つようになりました。後輩のために自分の授業を見せたり、英語の指導法について、同僚と真剣に話し合ったりした非常に充実した三十代を過ごすことができました。

そして、この後、教育委員会の指導主事、中学校の教頭を経て今に至ります。

4．初めての小学校勤務

現在、校長として、生まれて初めて小学校に勤務し、今年で三年目になります。

小学校、中学校、両方の勤務経験を持つ私にとって、ここ数年言われている「中一ギャップ」の問題は、とても気になるところです。

小学校と中学校でやることは、違っていて当たり前です。しかし、子どもたちにとっては連続した九年間であることを考えると、教員の側での配慮や工夫がいることは確かです。まず、それぞれの学校の教員が、お互いの学校の子どもたちの現状と、指導の実際をよく知ること。そして、六年、三年のスパンで指導を完結させるのではなく、将来どんな大人になることを目指すのか、そのために中学校では、小学校では、どんな指導が必要なのかについて、十分議論すべきであると思うのです。

5．自分を振り返って、そしてこれから

短大での二年間で先生方から教えていただいたこと、仲間たちと一緒に学んできたこと、これらはすべて私のキャリアのルーツであり、強く記憶に残っているものばかりです。皆とともにきらきらと輝いていたあのころを誇りに思い、これからも「好奇心」を持って、歩みを続けていきたいと願っています。

保健所にて ―短大で学んだことを糧に―

新潟県新発田地域振興局
健康福祉環境部（新潟県新発田保健所）
渡邉潮美
（生活科学科食物栄養専攻三十六期生
専攻科食物栄養専攻六期生）

私が卒業した二〇〇二（平成十四）年ごろは、社会事情の変化や関係法令の改正などのため、生活科学科食物栄養専攻を卒業して得られる準学士と栄養士の資格だけでは就職が難しい時代でした。学生の中には、短大の専攻科食物栄養専攻への進学やほかの四年制大学への編入学、専門学校への進学など、卒業後すぐに栄養士として就職する以外の進路を選択する学生が多かったように思います。実際に私の同級生も約三分の一がそういった選択をしたように記憶しています。私もその中の一人であり、短大卒業後専攻科に進学し、海老ケ瀬のキャンパスで合計四年間の学生生活を送りました。

私が専攻科に進学した理由は、栄養学や食品学をより深く学びたかったことと、学士の資格と管理栄養士国家試験の受験資格が取得できることからでした。もともと食品学や栄養学、生物化学の基礎実験に興味があって短大の生活科学科食物栄養専攻に進学したこともあり、専攻科では食品学研究室に所属して石原和夫先生、鈴木裕行先生に師事し、新潟市北区（新崎地区、旧豊栄市）の特産品であるフルーツトマトに含まれる栄養成分の定量試験を行いました。その内容を「フルーツトマトの呈味成分に関する研究」というリポートにまとめ、学内外で発表し、また独立行政法人大学評価・学位授与機構に学位取得のための「学修成果」として提出しました。

短大や専攻科の学生の多くは県内出身、もしくは新潟県に縁のある者でしたが、研究に取り組む中で、先生方が教育や研究を通じて新潟県の良いところ、誇るべきところを私たち学生に気付かせ、また、内外に新潟県の食文化の良さをＰＲするなどの活動を行っていることに気付かされました。今振り返っても、将来、専門職として一般の方々に食や栄養について助言・指導する立場となる学生にとっては、とても良い環境の学び舎《や》であったように思います。

こうして学生生活も後半の専攻科二年生になると、進路を考える時期になります。私は多少の社会経験を経て入学したために同級生より少し年上でしたので、一般企業への就職には不利と考え、大学院への進学を目指しました。先生方の御指導のおかげで進学にめどが付いたころ、合格するはずがないと思いながら受験した新潟県職員の一次試験に合格、二次試験にも運良く合格することができました。引き続き就職難の時代でしたので非常に迷いましたが、大学院は社会人になってからでも進学できるという考えに至り、就職することに決めました。

新潟県に入庁後の最初の職場は長岡保健所で、現在勤務している新発田保健所は二つ目の職場です。保健所は地域保健法に基づき都道府県や政令指定都市などが設置する地域住民の健康や生活などの公衆衛生業務を担う行政機関で、対人保健サービスのほか、水質などの環境面、食品衛生や医事薬事の監視業務なども含めた多様な業務を行っています。同様に公衆衛生業務を行っている市町村との違いは、市町村が住民に身近で利用頻度の高い対人保健サービスを提供するのに対し、県の保健所においては母子保健、老人保健、栄養改善、難病、精神保健、エイズなどの感染症、環境衛生などの対策のうち専門的なサービスの提供や、広域的な医療体制の整備などを行うことが特徴です。

新潟県内には十二の県保健所と新潟市の政令指定都市保健所があります。県保健所では、社会福祉法に基づき県が設置する地域福祉事務所とともに、地域の課題に総合的に対応していく総合機関である各地域振興局の中の健康福祉環境部に併置されています。また、同様に、児童福祉法、障害者福祉法および知的障害者福祉法に基づき県が設置する児童相談所、身体および知的障害者の更生相談所が、新発田、長岡、南魚沼、上越の四地域振興局の健康福祉環境部に併置されています。

県保健所における管理栄養士業務は、地域保健法を基本として主に健康増進法や食育基本法、調理師法、栄養士法などに基づいて行われています。具体的には、新潟県健康づくり計画「健康にいがた21」や新潟県食育推進計画の普及、国民健康・栄養調査や県民健康・栄養実態調査の実施、専門的な知識や技術を要する栄養改善、健康づくりや食育普及のための事業の企画・実施・評価、特定給食施設などに対する指導・助言、食品の栄養成分表示や健康食品の表示・広告に関する助言・指導、ボランティア育成、管理栄養士養成施設の臨地実習の受け入れ、（管理）栄養士などの免許事務、市町村への技術的支援や情報提供および助言などです。

新採用の時は、学生時代に取り組んでいた実験・研究と、保健所で担当することになった仕事の内容とのギャップにしばらくの間悩まされました。何度も仕事を続けられるのか悩み、辞めて学生に戻ることさえ考えました。しかし、次第に、全くやったことのない仕事であっても、基本的には学生時代に学んだ知識や技術に基づいていることなので、取り組めば何とかなるものだと思えるようになっていきました。

また、保健所は所管する業務の性質から、医師、歯科医師、薬剤師、獣医師、保健師、診療放射線技師、臨床検査技師、管理栄養士、精神保健福祉士、歯科衛生士、環境衛生監視員、食品衛生監視員などの技術職がおり、併置されている福祉事務所などにも上記以外のさまざまな職種のスタッフが在籍しています。そういった他職種の先輩たちと連携して仕事に取り組みながら、管理栄養士とは異なるものの見方やアプローチの仕方に触れることで、公衆衛生的な視野を少しずつ広げていってもらったように感じています。

そして、保健所の管理栄養士は対外的な業務が多いため、地域の実態を知る中から、少しずつ保健所の管理栄養士として果たすべき役割が見えてくることを実感しています。例えば、市町村や給食施設に勤務する管理栄養士や栄養士は少人数である場合が多く、外部からの情報が入りづらい場合があります。そのため、ほかの市町村や給食施設での良い取り組みや、望ましいあり方などに関する技術的な助言をしたり、研修や情報交換の機会を企画するなどといった仕事は、常に新しい情報を把握し、所管する地域全体の特徴と課題の把握と、その解決を行う保健所という行政機関における管理栄養士の立場だからこそできることだと思います。保健所の管理栄養士の仕事に限ったことではなく、行政に求められる役割は時代とともに変化していくと思いますが、専門職としての役割を果たせるように、努力研さんすることの必要性を感じています。

母校の先生方には専門職や住民に対する講演会や研修会、健康教室などの際に講師を引き受けていただいたり、健康・栄養（実態）調査では専攻科の学生の皆さんからお手伝いをしていただくなど、お世話になるばかりです。こうした仕事を通じて、微力ではありますが、短大と地域をつなぐ役割を担ってきたのではないかと感じていますし、今後もその役割を担っていきたいと思っています。

最後になりますが、短大の卒業生、また専攻科の修了生の一人として、四年制大学への改組を契機に、今後も研究活動や人材育成などで地域のために貢献いただけるよう期待しています。

幼児教育の現場より

新潟市立西幼稚園園長　山井智佳子（幼児教育科第九期生）

私が、県立新潟女子短期大学を卒業して、すでに三十三年目を迎えました。それ以来、幼児教育の現場にかかわり、子どもたち・保護者に接していると、いつもそこに自分の生き方・価値観・規範意識を問われているように感じます。そんなとき、私の指針となるのは、自分を育ててくれた親の言葉・姿であり、自分が悩み結論を出してきた経験、家族・友人から得た優しさと生き方、そして、幼児教育の道を確かにしてくれた母校であり恩師でした。

子どもたちにとって、初めて経験する集団生活を一緒に過ごす担任の存在は、大きな意味を持ちます。だからこそ、自分の生きる姿勢を問われていると感じずにはいられません。あどけない表情で、お父さん、お母さんの手に引かれ入園し、生まれて初めての集団生活に足を踏み入れてくる子どもたち。今自分が、どんな状況の中にいるのか理解しないまま入園し、玄関で帰っていく親の後ろ姿に涙する子ども。そんな不安を持つ子どもを、丸ごと受け止め、その子の心に寄り添うことで担任との信頼関係が確立されていきます。不安な気持ちを、ためらうことなく担任に表し身を委ねてくるとき、私はこの上ない幸せを感じます。そして、そんな幼稚園の毎日の生活（保育）は、幼児との対話から成り立っていくといってもいいでしょう。その対話は、「言葉」でのやり取りだけではなく、その子の声にならない「思い」「表し」への対し方が一番重要になるのです。

昨年こんなことがありました。三月下旬、転入のためいくつかの幼稚園を見学してきた親子のことです。母親は、生まれたばかりの第二子を抱き、今度年長児になるけい子（仮名）を西幼稚園に連れてきました。その子は、玄関に入るなり出迎える私たちに、「きたない幼稚園！」と一言いうなり、そっぽを向きました。ちょうど年度末で園の中は、年度末と新年度の準備で煩雑な感じがしていたのでしょう。「本当だね、今度けい子ちゃんが幼稚園に来るまでにきれいにしておくからね」と答えると、母親はすまなそうに私たちに謝るのでした。私は「なかなか、楽しいお子さんですね。けい子ちゃんのような子どもは、西幼稚園の先生方みんな大好きだからね。みんなで待っているよ！」と声を掛けると、けい子は横を向いたまま無言を通しました。

転入を決めたけい子親子は、四月から西幼稚園に通うことになりました。玄関で職員が登園してくる子どもたちを迎えています。けい子も登園してきました。職員が「けい子ちゃん、おはよう！」の声掛けに、「こんな幼稚園、来たくないもん！」と誰の「おはよう！」にも無視を通すのです。そのうち、登園を渋るようになり、玄関で泣き、身を硬くして抵抗します。それでも、先生方は「けい子ちゃん、おはよう！　よく来たね。待っていたよ！」と笑顔で出迎えます。

私は、母親に「お母さん、毎日、〝けい子ちゃんが朝起きたその時〟〝幼稚園にお迎えに来た時〟〝夜寝る前〟の三回、けい子ちゃんをギューッと抱きしめて『お母さん、けい子のこと大好きだよ！』と言ってあげてみてください。それだけでいいですから。幼稚園が変わった不安や、妹ができたことの赤ちゃん返りが重なっての表しだから、心配しないでみんなでゆったり受け止めていきましょうね」と伝えました。つまりその子は、〞お母さんは、私がこんなことをしても、私のことかわいいと思うかな〞〞この先生は、こんなことをしても受け止めてくれるかな〞などなど、さまざまな環境の変化に対応するための試しの行為を親や先生方に向けているのです。私には、けい子の『こんな私でも、好きだって言ってよ！』といった声が聞こえてくるようです。そして母親は「私、この子のことをかわいいと思って抱きしめてみます」と言ってくれました。

それから五月の連休ごろまで、けい子の試しの行為は続きました。ある日の朝、私が玄関で子どもたちを迎えているとけい子が登園してきました。周りの子とあいさつを交わしながら、さりげなく「けい子ちゃん、おはよう！」とさらっと言うと、本当に思わずといっていいのですが、けい子が「おはよう！」と声を出したのです。そのとたん、けい子は〞しまった！言ってしまった〞というような表情で肩をすくめたのです。しかし、この日を境に、けい子の表情は少しずつ和らぎ、会話も多くなっていきました。

十月の運動会のころになると、時にはリーダーシップも発揮するようになり、二月のお誕生会では、全園児の前で自ら「手品を見せてあげたい！」と、友達と手品を練習し披露してくれました。全園児が見つめる中、けい子は、「種も仕掛けもありません…」と元気に話しながら、いくつもの手品を見せてくれました。もう、みんなから拍手喝采《かっさい》を受け、大満足のけい子でした。

そんなけい子も就学への期待を胸に、この春、修了していきました。修了を前にして母親は、私に「先生、この西幼稚園を選んだ理由は、けい子が反抗的な姿を見せても、本当に心から笑顔で受け入れてくださっているのが伝わってきたからなんです」と…。

この仕事をしていていつも思うことは、「誰にも人の気持ちを十分に理解することはできないけれど、その人の思いに寄り添い、〝そうだよね〟と、共感してくれる人が一人でもいてくれることで、次の一歩を踏み出すことができる」という事実です。だからこそ、言葉にならない心の声を保育者は心で感じていかなければならないと思うのです。

教育基本法・学校教育法の一部改正に伴い、幼児教育の重要性が再確認されていますが、その法整備が本当に意味あるものになっていくには、われわれ教員が幼児教育をどう保育現場で実現していくか、教員一人一人の力量に委ねられています。しかし、一人一人の幼児の思いに、教師は自分の感性を研ぎ澄まして向き合い、愛情に裏打ちされた信頼関係をはぐくみ、誠意ある保育と研修を積み上げていく姿勢は、これまでと変わらずに私たち幼稚園教諭が持ち続けていかなければならない基本と思っています。

そうした揺るぎない保育の根本を私たちに伝えてくださった母校に心より感謝して…。

にこにこスマイル

三条市立大島小学校勤務　加藤樹里（幼児教育科第三十五期生）

県短での二年間は、私にとって小学校の教員になる第一歩となりました。小学校教育の土台となる大事な幼児教育を、県短で学ぶことができて本当によかったです。毎日が充実していて、中身の濃い二年間でした。短大時代を振り返り、あのころを漢字一文字で表すと「笑」ですね。朝から晩まで、幼児教育学科の仲間と笑っていたことを思い出します。泣いたり怒ったりすることもありましたが、頭に浮かんでくるのは楽しい思い出ばかりです。県短で出会った仲間は、一生の友達と言っても過言ではありません。卒業後、毎年恒例となったスノボ合宿では、大勢の仲間が集まりあのころと変わらない笑いで盛り上がります。いくつになっても、学生時代の思い出を語りながら笑っていたいなと思います。

さて、楽しい楽しい県短を卒業してからは、小学校教諭と養護学校教諭の免許を取得するため、秋田大学に編入しました。幼いころからの夢を実現するために、愛する新潟を離れて二年間勉学に励みました。卒業論文は、県短と秋田大学での学びを生かし「幼稚園教育と小学校教育の連携」についてまとめました。

大学を卒業してからは、人生で一番というくらい猛勉強をして教員採用試験に臨みました。無事合格を手にして、幸せに浸っているのもつかの間のこと。最初の赴任先は、何と…佐渡島だったのです。秋田大学へ行く時とわけが違います。なぜならば、陸がつながっていないからです。交通手段は船しかありません。

二十三歳の三月三十日、私は佐渡へと旅立ちました。ずっと夢だった小学校の教員になれてものすごくうれしかったのですが、それ以上に不安な思いが大きくなるばかりでした。知らない土地にたった一人でやって来て、落ち着く間もなく私の小学校教員生活が始まりました。毎日が慌ただしく、新潟へもなかなか帰れませんでした。最初に担任したのは、三年生十二人です。教員として一年生の私に、この子たちはたくさんのことを教えてくれました。毎日がドラマのようで、変化に富んだ一年でした。この年は、教員人生最初の子どもたちと出会ったこととも一つ、人生のパートナーとの出会いもあったのです。今のだんなが、この時の六年生担任です。当時は、職場の先輩としか見ていなかったので、まさか私のだんなになるとは思ってもいませんでした。

このように人生最大の出会いを得た佐渡生活三年間も、この三月で終わり、現在は三条で勤務しています。たくさんの喜びや幸せを与えてくれた子どもたち、そしていつも温かく見守り支えてくださった先生方には、心から感謝しています。

特に、三年目に担任した四年生二十二人との思い出はかけがえのないものとなりました。このクラスは、一年間大縄の八の字跳びに挑戦してきました。最初は、続けて十回跳べただけで、拍手をするくらいでした。全員が一定のリズムに乗り、タイミングよく縄に入っていかなければ記録は出ません。四月に掲げた目標は、連続五百回！　子どもたちは、失敗するたびに話し合いを行い、試行錯誤しながら挑戦してきました。ついに十月、目標の五百回を達成することができたのです。次の目標は、千回！　長い道のりでしたが、失敗しても決してあきらめませんでした。ようやく、一月に千二百八十一回を記録することができ、次の目標は千五百回！　目標を達成するたびに新たな目標を掲げ、一年間挑戦し続けてきました。四月に掲げた目標は五百回でしたが、その時私は子どもたちと大きな夢を見るために、「二千回達成したら、みんなで旅行だね」と言っていました。二千回なんて、夢のまた夢だと思っていたのですが、最後の最後で二千回を達成してしまったのです。記録は、何と…目標をはるかに上回る三千六百二十一回です。一時間近く跳び続けた子どもたちの表情からは、大きな喜びの笑みがあふれていました。私は、子どもたちの無限の可能性を目の当たりにし、ものすごい感動を味わうことができました。終わった瞬間、「先生、旅行はどこに行く？　大阪？　北海道？」と聞かれましたが、やはり簡単に旅行へは行けません。子どもたちの希望でボウリング大会と昼食会を開いて、盛大にお祝いしました。

　このように、子どもたちと一緒になって喜びを分かち合える瞬間が、私の何よりの幸せです。どんなに苦しくても、子どもたちと一緒なら乗り越えることができます。短大で学んだ小学校教育の土台を大切にし、これからも、子どもたちと共に学び、共に成長できるような教師を目指して、笑顔でがんばっていきたいと思います。

人間から空間を考える

コーディネーター　北　祥子（生活科学科生活科学専攻第十二期生）

私は現在、キッチンメーカーでコーディネーターとして働いています。

短大時代、キッチンの起源について大学の講義で学んだことをきっかけに、初めて家の中におけるキッチンの意味を知り、考えさせられました。私はもともと建築を学びたいと思い県短に入学したのですが、講義を受けるにつれて、建築とは「家」という檻《おり》の中に人の生活をはめ込むことのように思え、もっと内側から人間の生活を考える必要があると考えるようになりました。

その時に、内側から人間の生活を生み出す重要な役割が、キッチンにあると気付き、キッチンから新しいライフスタイルを提案する、コーディネーターという職を選びました。

大学の講義では、現在の住宅における標準的な間取りの起源は、住都公団が一九五一（昭和二十六）年に開発した「51C」モデルにあると習いました。この住宅モデルは、西欧化の影響から「食寝の分離」を導入し、ローコスト住宅の大量生産が必要とされ、現在の「nLDKプラン」に発展したそうです。

しかし、本来の日本家屋は、ひとつの居室にちゃぶ台が置かれれば食卓になり、布団が敷かれれば寝室になるという、柔軟性のある空間システムをもっていて、日本家族のだんらんを生み出す重要な空間装置でした。

ところが、こうした伝統的な空間様式が、「nLDK」の出現によって失われ、大家族だった日本家族は核家族化し、だんらんは個室化に向かい、希薄な家族関係に変わってしまったことを学びました。

また、この「51C」モデルのもう一方の特徴が、「システムキッチンの誕生」です。最小限の空間で「食寝の分離」をするためには、家事動線の合理化が課題となり、「キッチンの効率化」や「コンパクト化」が要求されたことが、現在のシステムキッチンに継承されているのです。

さらにおもしろかったのは、このシステムキッチンの普及の背景には、「ジェンダー問題」があるということで、興味を覚えたことを記憶しています。それは、われわれのなじみのある「近代家族」や「専業主婦」という概念は、戦後半世紀余りのもので、極めて歴史が浅いという事実でした。

その近代家族の背景には、「家父長制」と「性別役割分業」があり、家事という行為そのものが、男尊女卑の思想に基づいていて、女性の社会的位置を象徴しているという内容でした。つまり、システムキッチンにおける合理性の追求は、社会における女性の地位と同じように、家の中で最も不利な位置にする方便でもあった、という話にがくぜんとしました。

しかし、こうした形骸《けいがい》化した近代家族像は、インターネットやケイタイの普及を通じ、新たなステージに変わっていると思います。それは、コミュニケーション手段の多様化は、コミュニティーや家族のライフスタイルを大きく変え、家族形態の多様化を招いているということです。

例えば、少し前の女子高生に、「プチ家出」という社会現象がありました。これは、ケイタイメールで親に所在を知らせることで、日々友達の家を転々として過ごす生活形式をいいます。

メディアでは、この現象を若者の非行現象の一つとして問題にしていますが、この行動形式を「遊牧民的ライフスタイル」と見なせば、定住を前提とした既存の生活形式に対し、新たなライフスタイルを予感させる現象だと考えることができます。

高度情報化社会のメリットは、場所を共有することなくコミュニケーションがとれることにあるため、場所に帰属（定住）しないライフスタイルにはそれなりの意義があると思います。すなわち空間を共有しない「ゆるやかな家族関係」。新しいライフスタイルとして興味のあるテーマです。

こうした学校生活から離れて早くも二年がたちました。毎日いろいろなお客さまを接客し、日々の業務をこなしていると、短大時代に考えていたことが遠く思えることも少なくありません。しかし景気が悪くなり、キッチンの売れ行きも厳しいこのごろ、キッチンの役割についてあらためて考える必要が出てきました。

そんな折にわが社では、〝キッチンに住む〟というコンセプトが生まれました。しかし、このコンセプトはまだ発展途上です。そこで私はもう一度、短大時代の考えを反すうすることで、家族のだんらんをつくり出したキッチンについて考え、現代社会に求められるだんらんを見据えたキッチンを、提案していきたいと思います。すなわち、キッチンが人の気分や感情に働きかけ、日常生活に彩りが生まれるような、そんなライフスタイルの提案が、コーディネーターの喜びでもあるのです。

生活福祉専攻を卒業して

長岡市立保育園勤務　丸山美奈子（生活科学科生活福祉専攻第二期生）

私が入学した当時、本専攻はまだできたばかりでした。初めてのお楽しみコンサート、ボランティアサークルの立ち上げなど、これからみんなで作っていくというパワーがあり、それが楽しくもありました。特に、私は障害児福祉に興味があり、ボランティアで脳性まひの子どもたちと触れ合ったことはとても貴重な経験となりました。どうかかわってよいか戸惑っている私たちに笑顔で話し掛けてくれたり、車いすの扱い方を教えてくれたりしました。みんなとても明るく元気で、何より前向きでした。できることを頑張ろうといつも一生懸命な子どもたちでした。お世話するつもりで行っていた私ですが、実は子どもたちからたくさんのことを教えられ、力をもらっているということに気付きました。この経験を通して、人とかかわる仕事の素晴らしさをあらためて感じることができたことが、保育士となった私の原点とも言えます。

そして、縁あって保育士となった今も、子どもたちに教えられることは多く、子どもたちと過ごすことでパワーをもらっている毎日です。保育士になって初めて担任したのは一、二歳児で、今も心に残っている出来事があります。それは、初日のおやつの時、ある女の子が配られたおやつを私の所に持ってきて、「お姉ちゃんもどうぞ」と半分わけてくれたのです。まだ生まれて二年のこの子の優しさにとても感動したことを、今でも覚えています。そして、この感動を忘れることなく、子どもたちからいろいろなことを学ぶ心を大切に保育していこうと思いました。そしてそれから十二年。今、担任している年長クラスの子どもたちは卒園式を迎え、小学校という新しい生活へはばたこうとしています。少し前までは、自分のことで精いっぱいだった子どもたちが、大きくたくましく成長した姿を見ることはとてもうれしいものです。この喜びがあるからこそ、保育の仕事を続けてこられたのかもしれません。

保育の仕事は正解がなく、だからこそ奥が深く勉強の毎日です。短大で学んだ福祉の理念を胸に、これからも私らしい保育を目指していきたいと思います。

最高の仲間たちとの出会い

社会福祉法人坂井輪会　穂波の里勤務　**永原純子**（生活福祉専攻第六期生）

「いっぱい遊んでちょっと勉強する」…生活福祉専攻のある先生のお言葉です。

私が県立新潟女子短期大学の生活福祉専攻を選んだのは、保育と福祉の両方を学ぶことができ、資格も取得できたからです。「将来は人と直接かかわる仕事がしたい」と考えていた当時の私には、とても魅力のある学科だったのです。

念願かない、県短に入学したわけですが、保育と福祉の資格取得のためには必須科目が多く、ほぼ毎日朝から晩までを県短で過ごしました。こんなことを書くと、とてもまじめに学校に通い、たくさん勉強したように見えますが、中身はまさに「いっぱい遊んでちょっと勉強」の実践でした。いつもふざけていたり、不まじめだったりしたわけではありませんが、専門分野の講義や実践では、興味深いものが多く楽しい時間でしたし、特に保育分野の実技は子どもの遊びを取り入れたものも多くあったので、学びながらも遊んでいるような感覚でした。もちろん、講義の合間や休日には、友人と出掛けたり、食事に行ったりとたくさん遊びました。…そして、試験の前には（短期集中でかなり必死に）ちょっと勉強。学校の授業以外にも、ボランティアに積極的に参加したり、学友会の役員もしたりしていたので、かなり密度の濃い二年間の学生生活でした。その中で、すばらしい先生方と出会い、最高の仲間たちに出会ったことで、多くのことを学び、人として大きく成長できたと思います。この二年間がなければ、今の自分はなかったのではないでしょうか。

県短を卒業した後は介護の仕事がしたいと思い、「社会福祉法人坂井輪会　穂波の里」に就職しました。最初の一年半は特別養護老人ホームでの勤務でしたが、ここでは介護が必要な方が入居されており、食事、入浴、排せつという、いわゆる三大介護を中心に支援を行ってきました。授業の演習と実習での経験で習得した程度の介護技術しかなかったので、最初はとにかく先輩職員の動きを見ながら覚えることの繰り返しでした。その中でも、入居者の人権を尊重した援助や、入居者に合わせた援助を行うことなど、穂波の里が理念として掲げているものが、県短で学んできた大切な視点でもあり、講義の内容を思い出しながら自分なりの対応方法や関係作りに努めてきました。その後グループホームに異動となり、認知症のある方への支援を行っています。少人数で家庭的な雰囲気を大切に支援しているのですが、入居者お一人お一人の可能性や能力を大切に、見守っていくことの難しさを感じながら、試行錯誤の毎日です。大変な仕事ではありますが、人生の大先輩である高齢者の方々から教えていただくことも多く、学びながら成長させていただいているといった感じで、日々充実した時間を過ごしています。

学生時代を思い返すと、いろいろなことが走馬灯のように頭の中を駆け巡ります。「前代未聞の問題児クラス」でしたが（先生方にはご迷惑をおかけしてすみませんでした）、ここぞ！というときの団結力は天下一品。体育祭では優勝し、学友祭のステージでは最高の盛り上がりを見せ、極めつきはお楽しみコンサート！　宝塚のようなメークと完ぺきな演技で観客（主に子ども、卒業生と福祉専攻の教員）を魅了していました。

県短が四年制になるにあたり、生活福祉専攻はなくなるということで、少し寂しい気もしますが、今まで培われていた生活福祉の魂は、新たな教育課程の中で引き継がれていくことと期待しています。卒業生の一人として、これからの大学のさらなる発展を見守りつつ、自分自身もさまざまなことに挑戦して一歩ずつ確実に成長していきたいと思っています。

懐かしい学び舎《や》に愛を込めて…。

卒業後の十年間

長岡工業高等専門学校勤務　田中真由美（英文学科第三十二期生）

県短を卒業して、早くも十年目となりました。県短に入学してからを振り返り、一言で自分の人生を言い表すならば、「変化」という言葉がふさわしいのではないかと思います。人生における「変化」という言葉は、県短一年生になるまでの私にとって「安定」と反対の意味を持ち、私自身、最も避けたいと思う生き方の一つでした。それまでの私は、変化に富んだ人生というと、不安定で、先の見通しがない生活を想像していました。ですから、フリーターとして一時的に生活できる時代ではありましたが、なかなか定職に就かない生活など私には考えられませんでした。しかし、そのような保守的で臆病な自分が、さまざまなことに挑戦していく道を選ぶきっかけを与えてくれたのは、県短での学生生活ではないかと思います。

私は現在、新潟県長岡市にある長岡工業高等専門学校で英語を教えています。県短に在学中は、自分がこの職業に就くとは夢にも思っていませんでした。短大は在学期間が二年と、とても短く、入学した時に卒業後の進路を考え、就職希望の学生は、一年目が終わる前から就職活動を開始しなくてはなりません。私も最初は就職希望だったので、就職ガイダンスに参加したりしました。県短の就職率の良さには定評がありましたが、就職難という言葉を耳にするたびに、職業についての明確な目標も、内定をもらえる自信もなかった私は、ひょっとしたら就職浪人するかもしれないと不安を感じていました。一方、英文科の友人の中には卒業後、四年制大学に編入学するという進学の道を考えている人もいました。私は入学当初、短大から進学するという発想が全くなく、そういう道があると知った後も、高校時代、第一志望の大学に入る学力がなかった自分には無理なことだと思っていました。しかし、身近な友人がチャレンジしようとしている姿を見ていると、自分もやってみたいと少しずつ思うようになりました。

そんな時、ある小説を読んで、進学という選択肢を選ぶ決心がついたのです。私は高校生のころから小説を読むことが好きでした。県短の図書館にあった岩波文庫の中から、たまたまある一冊を借りてアパートで読んだ時、心の中で大きな「変化」を体験しました。その偶然読んだ一冊がシャーロット・ブロンテの『ジェイン・エア』です。ジェインは、十九世紀、教養のある独身女性が体裁を失わず、生活のために就くことのできた職業の一つである家庭教師になりました。私は彼女の生き方や職業に対する考え方に感銘を受け、自分の道は自分で切り開いていかなければならないと気付きました。私は二十歳になる数カ月前にしてやっとそのことを自覚し、初めて自分の人生を真剣に考えるようになったのです。

まずは、一度はあきらめた四年制大学への進学を目指し、後で悔やまないように全力で勉強しました。そして編入試験に合格し、学部卒業後は大学院に進学しました。大学院に進学した時には県立高校の英語教員になることを目指し、採用試験にも合格することができました。しかし、私はすぐに教員にはならず、留学するという選択をしました。外国で勉強するということは、費用も、自分自身のエネルギーも必要となります。ですから、自分には絶対無理だと感じていました。ですが、「あなたなら絶対にできる」と背中を押してくれる人の言葉で、私はイギリスの大学院で勉強する決心がつきました。イギリスへは、ロータリー財団の国際親善奨学生として派遣されたので、大学院での勉強だけでなく、国際交流活動にも従事しました。文化の違いを経験したり、日本の文化を紹介したりする活動は、これまでの私の生活にはないことでした。日本で生活してきた私にとって、海外での暮らしは大きな「変化」であり、それがどれだけ刺激に満ちたものであったかは言うまでもありません。

帰国後は県立高校の教員採用試験に再挑戦して合格し、イギリスと日本の大学院も修了し、ようやく社会人になることができました。初任校は進学と部活動の両立を掲げる伝統校で、素晴らしい先生方や生徒たちに出会いました。在職中、ラグビー部の顧問になり、技術指導は全くできず、見守ったり、応援したりするだけでしたが、先生方の指導の下、見る見る成長してゆく生徒の姿に感動しました。また先生方の熱心な指導も新米の私には素晴らしいお手本となり、私自身の教育活動に対する基本姿勢は、この時に築かれたのではないかと思います。初任校でさまざまなことを経験したかったのですが、私が採用された年度から、新採用の教員は二年で異動しなくてはなりませんでした。しかし、いろいろな仕事をやってみたいという気持ちを温かく受け入れてくださる先生方に出会えたおかげで、クラス担任の仕事のお手伝いをしたり、修学旅行に引率をしたりする機会を与えてもらいました。先日、二年間英語を教えた学年の生徒たちの卒業式に出席したところ、式の後、英語好きの卒業生の一人が、大学生になったら私と同じように国際親善奨学生として留学したいという話を私にしてくれました。二年間しかいられなくても、生徒の人生に何か影響を与えることができたのかもしれないと思い、うれしい気持ちになりました。
初任校を転出した後は、佐渡市内の高校に赴任しました。初任校とは雰囲気の違う学校だったので、初めは戸惑いましたが、生徒たちと心から笑ったり、怒ったりするうちに、今までとは違った接し方ができるようになりました。素直で人間味あふれる子どもたちに、大切なことを教わりました。それは、どんな生徒も、勉強が分かるようになりたい、そして教師と良い関係を築きたいと思っているということです。しかし、そう気付いたころ、私は高校の教員を辞めました。教育活動はとてもやりがいのある仕事だと思っていました。ただ、私はそれに加え、研究活動をしたいという願望も抱いていました。イギリスの大学院で勉強した時には、研究職を目指す大学院生と日常的に研究の話をし、研究の面白さを感じるようになっていました。ですから、英語教育と研究活動の両方ができる職場の方がいいのではないかと思い、また一つの「変化」へと向かったのです。

県短での学生生活で人生に対する見方が変わって以来、後ろを振り向くことなく、前へ進むことだけを考えていたように思います。しかし、偶然にも県短を卒業して十年というこの節目に、記念誌の原稿執筆を通して自分自身を振り返る機会をいただけたことを、大変ありがたく感じています。私はいろいろな方から助けや刺激を受けてきました。そのことを、忙しさのあまり忘れてしまうことがあります。この原稿を書くに当たり、出会った方々の顔を思い出し、その方々が私に掛けてくださった、時に厳しく、時に温かい言葉を思い出しています。そして、私は自分自身の人生に対してあまりに必死で、身近な人たちの優しさや好意を当然のことのように受け入れてきたのではないかと、恥ずかしい思いに駆られます。今後はペースを少しゆるめて、「変化」だけでなく、これまで築き上げてきたものや、そばにいる人たち、そして今でも友人でいてくれる人たちとの関係を大切にしてゆきたいと思います。県短で出会った友人とは、頻繁に会えなくても、会った時にはついこの間会ったばかりのような気持ちになり、安心感を覚えます。それは学生時代から、彼女たちの心の中に何か基本的に大切なものがしっかりと根を張っていて、どんな時もそれが変わらないからなのだと思います。私の心の支えである彼女たちに、心から感謝します。最後に、県短は四年制大学へとその姿は変わりますが、卒業後変わらない友人たちのように、大切な何かを保ちながら発展してゆくことをお祈りいたします。

思えば、波瀾万丈、二十五歳

株式会社フジスタッフ勤務　**吉田明日香**【旧姓高桑】（英文学科第三十六期生）

「県短」在学中は多い時で七つのアルバイトを掛け持ちして、卒業時には百五十万円の貯金に成功しました。成績も出席率も決して良かったとは言えませんが、一つだけ誇れることがあるとしたら、ただがむしゃらに目標に向かってお金をためたことです。

私は中学二年生で町の交換留学生に選ばれてアメリカ合衆国ミシガン州にあるダンディー村へ

二週間の短期留学をさせていただく機会に恵まれました。中学校時代は英語の成績が良く、生徒会に入っていたおかげだと思いますが、この経験が私の将来の方向性を決定づけるきっかけとなりました。当時「NEW HORIZON」という英語の教科書で約一年半英語の勉強をしただけでしたが、アメリカで言語の苦労をしたという印象は全くありませんでした。私の基本理念である「なんとかなるさ」が存分に発揮されたのだと思います。初めてのアメリカはまさに〝夢の世界〟〝自由の世界〟〝パラダイス〟。

高校生になってからも英語はどの教科より力を入れて勉強しました。進路を決める時にも留学を視野に入れて短期大学を選択し、将来は英語を生かした職業に就きたいと思うようになっていました。

前述の通り、県短ではお金をためることに一番労力を使いましたが、それと同時に、留学してから自信を持って発言できるようにとディスカッションには積極的に参加し、ゼミではほかの人は考えもしない論理を見いだすことに焦点を置いて論文を書きました。

県短卒業後はすぐにカナダのバンクーバーへ留学し、語学学校に通いました。その学校にはイタリア・フランス・スイス・中国・韓国など十カ国以上の国々からの学生が集まっていましたが、何より驚いたのは日本人の多さです。学校で耳にする「日本語英語」やバンクーバーの街にあふれる日本人にうんざりし、三カ月で日本に帰国しました。そしてすぐに留学先を変更して、今度はアメリカ合衆国アリゾナ州ツーソンに出発しました。家族や友人はこの行動力に大変驚いていましたが、私にとっては死に物狂いでためたお金を無駄に使いたくない気持ちでいっぱいでした。

この思い切った行動のおかげでＴＯＥＩＣは数カ月で一八〇点アップし、アリゾナ大学で政治科学や生物学の授業を経験でき、はたまたその後の就職先となる全日本空輸株式会社のＯＢとの出会いもつかむことができました。アリゾナ留学経験は私に「米国四年制大学卒業」という新たな夢も同時に与えてくれました。…いつか必ず実現したいと思っています。

その後、留学資金も尽きて日本に帰国し、航空会社への就職を視野に入れて就職活動を始めました。情報収集と同時に募集が出ている航空会社を片っ端から受けていきました。初めて書類を送った会社は書類審査で落選しました。履歴書の自己ＰＲも我ながら大変良く書けたと思っていたので選考漏れの書類が届いた時は大変落ち込みました。めげずに情報収集を続けているとネット上にCREW NET（クルーネット）という掲示板サイトを見つけました。航空会社への就職を目指す人たちが書き込みをしているサイトで、どこよりも早く採用募集や試験対策などの情報を手に入れることができました。中には現在事務職をしながら夢である航空会社を受けている人や、同じ会社に二度落とされて三度目の挑戦をする人の書き込みなども載っていました。皆に共通していた課題は「自分をいかにアピールするか」でした。初対面の面接官に、短時間で自分を十分に知ってもらうことは容易ではありません。遠慮や恥ずかしさがあっては、後悔だけが残ってしまいます。自分がどんな人間で、どんな利点や欠点を持ち、何が自分のアピールポイントなのかを相手に伝わる言葉で表現しなければならないのです。それに気付いた時、私は初めて応募した履歴書の自己ＰＲをあらためて読み直ました。そこに書かれていたのは、自分の言葉ではなく、体裁良く書かれた形式ばったものでした。自分が持っていた熱い思いは一つも感じられませんんでした。

自分を深く知るには自分に聞いてみるほかに方法はないと思い、百問の質問を自身に与えて、偽りなく正直に質問に答えていきました。すると、ぼやけていた自分像が浮かび上がり、長所や短所・アピールポイントが、面白いほどよく見えてきたのです。それからというもの、一次審査の書類は簡単に通るようになり、後はいかに面接官に印象付けるかが勝負でした。私が一番力を入れたのは、航空会社の面接ではよく課題として与えられる、「一分間スピーチ」です。一分間で自分の言いたいことをすべて盛り込み、一秒の狂いもなく表現できるように何度も何度も練習しました。そのかいあって、契約社員ではありましたが全日本空輸のグランドホステスに採用が決定し、一年間羽田空港で仕事をすることができました。空港での仕事はドラマがあり、刺激が多く、お客さまに感動を与える機会にあふれていました。そこで働く社員は、自分と同じく熱い思いを持って仕事に励んでいたため、尊敬できる先輩や上司に囲まれて仕事をすることができました。契約社員である不安を感じてしまい、一年で退職しましたが誰もができない経験をさせていただき、本当に感謝しています。

現在は、株式会社フジスタッフという会社の会長・社長をはじめ、役員の秘書業務に従事しています。留学で培った英語も多少ですが生かすことができ、前職で経験したサービス接遇もあらゆる場面で役に立っています。

私は現在二十五歳で、昨年の秋に結婚という転機を迎えました。故郷、新潟県から栃木県へ転居して名字も高桑から吉田に変わりました。ここからが私の第二の人生なのでしょうか。よく、結婚すると家庭のことで手いっぱいになり、何もできなくなるという言葉を耳にしますが、私は結婚を機に一層充実した日々を過ごすことができています。慣れない家事も半年もするとそつなくこなせるようになるものです。仕事は独身社員に負けまいと、背筋を伸ばして頑張るようになります。忙しいからこそ、すき間時間を見つけて本を読むようになります。夫がいつもそばにいることで、思いやる気持ちがはぐくまれて毎日優しい気持ちを忘れずにいられます。人は忘れる生き物ですので、毎日刺激があった方が充実できるのかもしれません。何があっても止まることなく、目標を失わずに引き続き突っ走っていきたいと思います。

最後になりましたが、たくさんの刺激と人生の方向性を示してくれた「県短」が、四年制大学へ生まれ変わってからも多くの学生に目標を提供し続けてくれることを祈っています。

第一期生、十三年の歩み

中国語通訳案内士　富山　歩（国際教養学科中国語コース第一期生）

県短を卒業して十三回目の春が来ました。この時期になるといつも、中国ハルビン市にある黒龍江大学へ留学するため新潟空港から出発した日のことを思い出します。当時ハルビン行きの直行便はなく、ハバロフスク経由でハルビンを目指しました。県短の実地研修と同じルートで経験はあるものの、大勢で出掛けた研修と違い、乗り継ぎするのは私一人。貸し切り状態のハバロフスク空港待合室は、お世話になった県短の先生方や友人たち、それに母と祖母までが見送りに来てくれたにぎやかな新潟の出発とはあまりに対照的で、限りなく寂しいものでした。

ハルビンで過ごした二年半の留学生活は本当に充実していましたが、すべて順調だったわけではありません。特に留学当初は中国語を聞き取る力が足りず苦労しました。中国では三月一日に新学期が始まりますが、私の場合県短の卒業式を終えてから渡航したため、既に授業が三週間進んでいたことも同級生に後れを取る原因となりました。そんな時、県短でも一年次に習った郭先生が「慣れれば聞き取れるようになるから、もう少し我慢しなさい」と励ましてくれました。先生の言葉通り、少したつと現地の人々が話す速さに徐々に慣れてきて、授業にもついていけるようになりました。

一九九七（平成九）年夏に黒龍江大学を卒業後、せっかく学んだ中国語を生かし新潟で働きたいと思い仕事を探しました。翌年、中国語の通訳・翻訳、中国旅行などを扱う会社とご縁があり、働き始めました。通訳・翻訳には多くの知識と技術が、そしてそれを磨き続けることが求められ、単に「中国語ができる」だけでは駄目だということを、ここで学びました。一見華やかな職種と思われがちですが、非常に地味な努力を必要とする仕事でした。また扱う分野が多岐にわたるので、どんなことでも「後で仕事に役立つかも？」と興味を持って知ろうとするようになりました。

二度目の出産を機に退社するまで六年半、多くの業務にかかわることができました。その中でも特に印象深かったことをいくつかご紹介します。

九八年、中国杭州市で日中文化体育交流大会が開催され、「エイサー（沖縄地域の歌舞）団」と「相撲団」が組織されました。サブ通訳兼添乗員として随行した「相撲団」の団員は小学校～高校の全国大会優勝者を筆頭に三十人ほど。本当ににぎやかなメンバーで楽しく忘れられない旅になりましたが、その一人に高知の明徳義塾高校に在籍するモンゴル人青年がいました。若松（現高砂）部屋入門直前の朝青龍関でした。普段は人懐こく穏やかなのに土俵上では怖いほどに真剣で、強く印象に残りました。入門後ずっと応援していましたが数年後の夏巡業で新潟に来た際再会し、たった数日間旅行のお世話をしただけの私を覚えてくれていて、とても感激しました。

二〇〇〇（平成十二）年に中国から日本に朱鷺《とき》「美美《メイメイ》」が贈られた際、その「お嫁入り」に随行する機会がありました。日本側のスタッフと、「美美」に同行してきた中国人飼育員との意思疎通を助けるのが私の仕事です。新潟空港からの移動、そして佐渡朱鷺保護センター到着後の会議などに同席しました。「朱鷺移送」という重大任務を遂行する両国スタッフの通訳としてその成功に貢献できたことは大きな喜びであり、自信につながりました。

ここ三年ほどは中国語関連の仕事をせず、二人の子どもの育児と家事に追われています。中国語を使う機会がほとんどなく会話力は明らかに低下していますが、今後集中的に訓練しあらためてプロとして仕事を再開したいと考えています。子育てという新分野の知識がいや応なしに増えましたし、子育てを通じて学んだことも多いので、このブランクを否定的にとらえず、今後の仕事に還元していけたらと思っています。

卒業後十年を振り返って思うこと

東海大学外国語教育センター
非常勤講師　山崎玲美奈（国際教養学科韓国語コース第七期生）

一九九八（平成十）年四月に、国際教養学科に入学してから十年がたちました。今になってみれば、あっという間の時間でしたが、入学当初はまさか自分が今もこうして韓国語を続けているとは想像もできませんでした。光栄にも卒業後十年という時に県短から始まったこれまでの時間を振り返る機会をいただけたので、自分の「県短入学から現在まで」のことについて書かせていただきたいと思います。

私は九八年度に韓国語コースに入り、二年生の前期を終えた段階で休学し、一年間韓国へ語学研修に行き、その後、県短を卒業しました。休学して韓国へ行っていた期間を含めると三年間という時間を県短で過ごしたことになります。一年生の夏休みには、地域実地研修で初めて韓国を訪れました。今ではもう何度となく訪れた韓国ですが、二度と体験することのできない「初めての韓国」はかけがえのない経験となりました。後期に入ってからは、先生方からお話を伺い、神田外国語大学で行われた「全国学生韓国語スピーチコンテスト」と新潟県で行われた二つのスピーチコンテストに参加したのですが、それぞれたった五分の原稿がなかなか覚えられず先生方に発音や内容を何度もチェックしていただいたのを、今でもよく覚えています。二年生の時にも再度全国学生韓国語スピーチコンテストに参加したので、県短在籍中に計三回スピーチコンテストを経験しました。

地域実地研修を終えたころから漠然と、韓国に一年間語学研修に行くことを考え始めました。しかし、現実的に可能なことなのかどうか、卒業年度の遅れ、費用の問題、その後の進路のことなど悩みに悩み、そのたびに、先輩や友人、先生方に相談をしました。現在では韓国語を学べる場所や韓国語を仕事で生かせる機会が増えましたが、当時はそのようなことは想像もできず、果たして語学研修に行くことに意味があるのかどうか不安に思うことのほうが多かったのです。そして、一年生の春休みに一カ月間の短期の語学研修に行き、自分がどこまでできるのか試してみることにしました。結局、初めて一人で行った韓国は、韓国語もままならない状態だったため失敗の連続でしたが、夏休みに知り合った姉妹校の仁川専門大学の学生や周囲の方々のおかげで何とか終えることができ、一年間休学しての語学研修を決意しました。

韓国で語学研修を受けている時から、県短で学んだ二年間の内容をより深めたいと思い編入を考え、大変幸運なことに東京外国語大学の外国語学部朝鮮語専攻の三年次編入試験に合格することができました。編入試験の対策などに親身になって支えてくださった先生方には、今でも感謝の気持ちでいっぱいです。編入してからはひたすら朝鮮語を中心とした言語学を基礎から学び、努力を重ねる日々でしたが、知れば知るほどに深まっていく世界をもっと知りたい一心で学部卒業後は大学院へ進学し、朝から晩まで連日、朝鮮語学漬けの毎日を送り、二〇〇三年に無事修了することができました。

大学院に進学したころから、幸いにして韓国語を教える機会に徐々に恵まれ始めました。小さな語学学校での授業や個人レッスン、公官庁の研修にいたるまでさまざまな授業を経験することができ、現在では東海大学での非常勤講師も勤めさせていただいています。十年前に大学の教室で初めて韓国語を学び始めた私が、及ばずながらも大学の教壇に立つことになるとは夢にも思っていませんでした。大学での講義やそのほかの授業をする際には、韓国語を学び始めたばかりのころの自分を昨日のことのように思い出しながら、県短の先生方がそうであったように決して焦らず、学ぶ立場に立って授業を進めるように心掛けています。もちろん、その年、その授業によってうまくいかないこともあり問題山積ですが、自分のわずかな経験を踏まえて努力を重ねる毎日です。特に大学での講義の度に、授業をする立場と、受ける立場ではこんなにも違いがあるものかと、恥ずかしながら十年前の自分の授業態度を反省することも多々あります。

　韓国語を教えること以外では、出版社アルクから出ている季刊誌『韓国語ジャーナル』の編集協力や校正、それ以外では翻訳や通訳にも携わらせていただいています。どれも初めは経験も知識も全くない状態だったので、周囲の方々に助けてもらいながら、なんとか一つ一つの仕事をやってくることができました。〇六年からは自分自身で執筆する機会も頂き、韓国語教材に関しては、これまでに三冊の本を出版する機会に恵まれました。これらのことを通して、何かを作る楽しさと厳しさの両方を経験できたと思っています。

　韓国語を勉強することにしたのはなぜかと、よく聞かれることがあります。この十年間に同じ質問を何度となく受けてきました。私の場合は韓国語を始めたことにこれといった大きな理由はなかったため、いつも答えに困っていましたが、今では「始めてみたら良い先生や先輩方に恵まれて、どんどん楽しくなったからです。始めたことより、続けてこられたことにもっと意味があると思っています」と答えています。いつのころを振り返ってみても、この答えには変わりがありません。県短に入学して、いろいろな先生や先輩方と出会い、韓国語だけではないたくさんのことを学びました。授業だけではなく、韓国や韓国語に対する姿勢、その姿そのものに言葉にはできないほど多くの得がたいものを教えてもらいました。それが今でも、立ち止まってしまってもあきらめずに前に進もうとする気持ちを支えてくれています。

「自分でも全力で努力をし続けたら、一体どこまでいくことができるのか」。これは、韓国語を始めてからずっと私が自分自身に問い続けてきたことです。今の私だけを知っている人は、昔から私が韓国語が得意だったと思うようなのですが、実際はそうではありませんでした。韓国語を含め、はじめから「できる」と思ってやったことは一つもなく、必死で一つ一つのことに取り組んできたら今のここに来ていたというのが正直な自分の感想です。なので、後輩の皆さんにもどうか自分の可能性や限界を自分で決めたりせずに、どんどんいろいろなことに挑戦していってほしいと思います。私もまだ、自分自身が一体どこまでいくことができるのかは分かりません。もしかしたら、自分が「ここまでだ」と思わない限り、終わりはないのかもしれません。考え方によっては、終わりのないことがつらいことだと思うこともできるかもしれませんが、視点を変えてみればそれが「可能性」なのだと知ったこと、それが私が県短で得たかけがえのないものです。

「なんとなく」から始まった私のいま

在ウクライナ日本国大使館勤務　**柳澤裕子**（国際教養学科ロシア語コース第十一期生）

私は現在キエフの在ウクライナ日本国大使館に勤務し、毎日ロシア語を用いて仕事をしています。しかし大学受験当時、私の希望は英語関係の学科への入学だったのです。一つくらい違う学科を受けてもいいだろうと、「なんとなく」受験した結果が、今ではまさかの大使館勤務。もちろん仕事内容は政治・外交などに直接私がかかわっているわけではないのですが、まさか「なんとなく」選んだ進路が今の仕事につながるとは思ってもいませんでした。

私は追い込まれないと行動に移せないタチですが、ロシア語を始めたころ、この言語を勉強するにはぴったりの性質ではないかと思いました。なぜなら、一例にすぎませんが、ロシア人の先生は普段は優しいのに授業になると恐ろしく、また宿題を出すとなると生半可ではないのです。学生たちの限界、いや限界を少し超えるであろう量を涼しい顔をして出してくるのです。恐怖で、夜食を食べながら心の平静を保ち、宿題をしていたことを懐かしく思い出します。

短大卒業後は四年制大学へ編入し、その間一年足らずモスクワへ留学をした私ですが、どこへ行ってもロシア語を教える先生がもたらす「怒とうの宿題」と「恐怖」に付きまとわれました。もちろんそれだけでロシア語を続けるなんざ、ただのマゾですが、それに見合う「楽しさ」と「喜び」も倍以上に返ってくるのでなかなかどうして続けてしまうことになるのです。

さて、「人生楽ありゃ苦もあるさ」といえば、耳に残る黄門様の歌のフレーズですが、ロシア語を続けた私は苦にまさる倍以上の楽しさと喜びをかみしめるたびに、さすがは黄門様、間違ってはいない、と最近しみじみ思えるようになりました。たかが時代劇の主題歌、昔の人が言うアレか…ではありません。この番組は、時代とともにキャストも幾度となく代わりました。しかし、あのフレーズだけは変わらないのです。不変ということは事実なのでしょうね。

話が飛躍してしまったので、現代に、そしてウクライナに話を戻します。

大使館に勤務した貴重な体験の一つとして、ここキエフで今年「日本のお正月を紹介する」というテーマで、生まれて初めてテレビに出演させていただきました。限られた二分弱の放映時間でいかに日本・日本文化をウクライナの人々に強く印象付けることができるか、それが問題でした。人に何かを伝えるということは難しいものだと感じました。「お雑煮を食べます」…テレビで味は伝わりません。「凧《たこ》揚げをします」…時間内に凧は揚がりません。何かないものか？　インパクトがあり、かつ内容が充実しているもの。なかなか難しいものです。あれこれ考えた上司は、二分弱で日本文化を伝える手段として、私に着物を着せ書き初めをさせるというアイデアを選んだのです。ウクライナに赴任と決まった時、私は「あいさつ状」なるものを筆で書きました。それが上司の記憶に残っていたらしく思わぬ抜てきとなった次第でした。インパクトは抜群、見栄えもきれい、そして日本文化の充実。結果は大成功です。

しかし大成功までには、そうです、黄門様の「苦～もあるさぁ～」な訳だったのです。まず、着物の着付けができる人がいない。これじゃあ、話はなしだというわけで、着物をあきらめ話を白紙に戻すかと言っていたところ、「着付けできます」と名乗り出てきてくれたのが、なんとウクライナ人スタッフ。日本に留学中、着付け教室に通い、自分の着物まで持っているとのこと。また着物をどこから借りるか、撮影場所のセッティング、インタビューの内容、着付けの練習、習字の練習、ほかの仕事、やることは山ほど。山に埋もれながらも、あーでもない、こーでもない、そーでもないと、たった二分のため、たった一人がテレビに出るため、どれだけの人がどれだけの時間をかけ「日本のお正月」の紹介に真剣になっていたことか。たった二分弱の放送でしたが、私は心底「五年、ロシア語やっててよかったな」「十年、書道続けててよかったな」と思いました。着付けをしてくれたウクライナ人スタッフも、「五年、日本語を勉強して、日本に行って、着物に興味を持って、着付け教室に通って、よかったな」と言っていました。

「継続は忍耐なり」…また誰かがジジくさいことを言うと思っていましたが、身をもって納得です。出会いとチャンスとタイミング、三つそろって、しかも同時にこれらを実感できたことは大きな喜びです。仕事で理不尽な思いをしても、ロシアに、ウクライナに住み、嫌な思い、怖い思いをしても、あの時ロシア語やめなくてよかったなぁと思った瞬間でした。また黄門様の主題歌が変わらない理由が分かった瞬間でもありました。

なんとなく始めた書道、そしてなんとなく始めたロシア語が、どこでどうつながるのか面白いものです。続ければ続けるほど、いろいろなハプニングで私を苦しめ、そして大きな喜びをもたらしてくれます。これからどんな「苦」しさがあり、どんな「楽」しさがあるのか、明日に、来週に、近い未来に、わくわくします。後輩たちへのメッセージもお願いします、とのご依頼でしたが私も社会人一年目。ためになることは言えません。でも、「なんとなく」から始まるわくわくもいいものです。

ウダーチィ！（そう、そのわくわくへ！）

第6章

県立四年制大学に期待する

目標を高く掲げて

県立新潟女子短期大学後援会会長　中野　進

今日、日本は大きな転換期に差し掛かっています。古くは大化の改新、徳川幕府の成立、そして明治維新にも匹敵する国の運命を決する大きなヤマ場を迎えていると思います。とりわけ明治以降の急激な近代化、国際化に歩調を合わせるため、一極集中型、官中心の大統制を行い、軍事にしても、民間経済界にしても、また学術教育の場にしても、すべて国による統制指導の下に、ある意味では大変効率良く、スピーディーに国の経営計画が進み、戦争という不幸な一時はあったにしても、今や世界有数の力のある国として認められるようになってきました。現在多少の混乱があったり、政治、経済の停滞があったりしても、大きなトレンドの中で、必ず一方のリーダーとして、未来の世界に役立つ国として発展を続けるものと信じています。

さて、これからは民間主導、地方主体の時代に入る大きな転換の機運が進むと思われます。ここで、一番大切なものは、人材の育成だと思います。家庭でも、地域でも、企業でも、国全体としても、最後にその価値を決定づけるのは人そのものです。「誰が何を考え、何をなすか」にかかってくるのです。

わが県立新潟女子短期大学も、いよいよ懸案であった四年制大学へ向けての方針が決定されたことは喜ばしいことです。従来の伝統と高い評価を元とし、さらに一段と飛躍し、存在価値の認められる大学に進化してほしいと念願しております。

新しい大学にとって、何が一番大切か、望まれるものは何か。私の希望を列挙してみたいと思います。

まず、長期展望、十年、五十年、百年後の、この大学の姿を描きましょう。目標、ビジョンづくりです。これなくして夢は達成できません。間違いのない、最善のものとして掲げられた未来に向かって一歩一歩前進してください。この大学の建学の新しいスローガンとして思い付くことを挙げてみたいと思います。

一、大学のスクール・カラーを明確に設定したい。校風、教授、学生の人格、人柄が世の中から認められ、尊敬される人材を送り出すこと。

一、ほかの大学には得難い、特有な知識とスキルを身に付けて卒業できること。最低でも一つ以上の外国語をマスターし、即実践に役立つ人材をつくり出すこと。従って、入学の難しさより卒業の難しさが評価される大学となること。

一、オンリーワンの大学を目指すこと。大学の大きさや多角化を誇るのではなく、その分野では、日本唯一、世界唯一最高の学術、研究、文化を有する大学として評価されるようになること。

一、ターゲットは全世界。とりわけアジア各国のため、即役立つ研究と人材育成の場となること。

一、発足当初は、現有の校舎、施設を活用するとしても、将来は田園都市新潟にふさわしい環境の下に、大きな夢を描けるキャンパスをつくり上げたい。百年の計として夢のデザインを今描きたい。最高のアイデア、最高の人材は、美しい風土、豊かな環境から生まれるという世界の常識を忘れてはいけない。

困難なことは当初から山積すると思います。しかし、県民こぞってこの大学を誇りとし、高い目標を目指して一致協力、着実に前進すれば、必ずや、素晴らしい未来が実現すると信じます。新しいリーダーの下に立ち上がり、誕生する大学の、百年、二百年後の姿を夢見ております。

男女共学四年制化実現と私の期待

新潟ウィメンズ企画　大河内芳子

1．私の活動の機軸

①国際連合は、一九七五（昭和五十）年を「国際婦人年」とし、世界、日本において、女性の地位向上を目指す政策、施策を推進してきました。九九（平成十一）年には、男女共同参画社会基本法が公布・施行され、前文には、「性別にかかわりなく、その個性と能力が十分発揮されることができる社会の実現が、緊要な課題である」と明記されています。

この考え方は、県立新潟女子短期大学元教員故田代俊子さんの希望するところでもあり、その遺志を継いで卒業生と市民とで「新潟ウイメンズ企画」を発足させ、私はこの活動に参加してきました。

②私は、一九九七（平成九）年、二〇〇〇年、〇二年と県が設置した県立大学の将来構想を提言する委員会に参加してきました。私は一貫して、県立大学・共学・四年制化・大学院の設置を提言してきました。この思いを実現したいと思って歩んできました。

2．県民の願いを集積

①二〇〇〇（平成十二）年、かざし会（同窓会）をはじめ、社団法人大学婦人協会新潟支部、社団法人新潟県栄養士会など、十一団体の参加の下、「県立新潟女子短期大学の共学四年制化を進める会」（以下進める会）が発足しました。直ちに要望書をたずさえて平山征夫知事、県議会議長各会派へお願いに伺いました。

A議員「入学希望者が多いから今のままでよい」

B議員「県短のことは、議会で一回も議論してこなかった」

C議員「共学なら魅力ある大学にしないと」

と多くの意見を聞くことができました。

②「進める会」は「変わりゆく社会－今、求められている人財」をテーマにシンポジウムを開催しました。県民の意見を聞くことと卒業生が短大卒の資格で職場で抱えている課題を聞くこと、そして有識者からの提案を頂くことを目的としました。

学校側からは、各学科の資格要件の現状と県と在校生、保護者のアンケート結果について説明を頂きました。資格要件が四年制大学卒が標準になっていること、各アンケートからも四年制希望が七〇パーセント余りもあることが満席の参加者共通の理解でした。

③県が設置する大学として、公平性の点からも男子学生が受験可能な環境の整備の希望が出されていました。現在、性別にかかわりなく職種の選択が可能となり、学生の一人一人が、自らの個性と能力を生かしたいという希望の表れと思います。

3．期待

①県立の高等教育機関の四年制・大学院の開学によって、中核的人材を育成したいという県民の意思に応えてほしいと思います。新潟県民が、自立して、豊かに暮らしていけるような「地方主権」の時代にあって、次代を担う人材育成はその要であり、また、県民の学術、文化への関心を高めていくことにも寄与してほしいと思います。

②学・官・産・民の連携により、県内の知的財産が、双方に有効に生かされ、開発されていくその拠点として、開かれた大学としての役割を担ってほしいと思います。

特に、専門的分野の調査、研究が、学生や県民のインターンシップ（就業体験）から人材の供給までを視野に置き、地域に貢献されることを期待します。

③新潟県の地理的特性を生かし、歴史を継続発展させていくもの、また、地域の課題解決に向けた、地域に根づいた調査、研究を実施してほしいと思います。

例えば、新潟市、新潟県の行政、団体、企業、民間が長年培ってきた人的、文化的、経済的交流の蓄積を若い世代に引き継ぎ、環日本海圏から北東アジアへと発展していかれることを願っております。

新潟県立大学の創立を寿ぐ　―産業界からの期待―

亀田製菓株式会社名誉会長　古泉　肇

私が若かったころの「大学」は、学術の府、エリート教育の場として、俗世間から少し離れた高みに存在し、「象牙の塔」と揶揄《やゆ》されながらも大きな権威を有していた。

だが、二十一世紀の今日における「大学」は、「国民大衆の高等教育機関」的な存在へと大きく変ぼうし、その塀はより低く、門戸はより広く開かれてきている。しかも、伝統ある有名大学でさえ、その著名度や人気の高さにあぐらをかくことなく、社会のニーズに応じた大小さまざまな改革を模索し、遂行の努力を続けている（例えば、三月二十二日の産経新聞には、「慶大入学金全廃へ」の三段抜き見出しが躍り、三十一面には、「少子化、国際化…各大学、生き残りをかけ学費戦争熾烈《しれつ》」と題した特集記事が組まれていた）。

かような状況の中で、待望の「新潟県立大学」が、二〇〇九年四月に開学の運びとなった。私は産業界代表の一人としてその設立懇談会に加わってきたが、会のメンバーの一人である猪口孝氏を初代学長として開学するに至ったことは、誠に喜ばしいことである。

あらためてここに、新生「新潟県立大学」に対する私の期待を、四項目に凝縮して記してみたい。

1．教育基本法にのっとった教育―人としての美学を持つ日本人の育成―

一九四七（昭和二十二）年に制定された教育基本法が、六十年の歳月を経て、二〇〇六（平成十八）年に改正された。旧法にはなかった内容が多く盛り込まれているが、中でも私が刮目《かつもく》したのは、第二条（教育の目標）の「一、…豊かな情操と道徳心を培う…　五、…伝統と文化を尊重し、それをはぐくんできた我が国と郷土を愛する…」の文言である。つまり、教育の重視や日本国の伝統文化の尊重、愛国心・愛郷心が、法として明記されたのである。また、第七条には、「大学は、学術の中心として、高い教養と専門的能力を培うとともに、深く真理を探究して新たな知見を創造し、これらの成果を広く社会に提供することにより、社会の発展に寄与するものとする」と、その役割を条文として新設している。

県立大学においては、当然、この基本法にのっとった教育が展開されるべきであり、何よりも日本人（新潟県人）としての誇りと美学を身に付けた学生（人間）を育ててほしいと願っている。

2．地域に貢献する大学―実学を重視した大学であれ―

情報技術の発達や経済のグローバル化の進展の中で、産業雇用構造は大きく変化してきた。その視点から、私は県立大学における教育に大きな期待を寄せている。

本県の優秀な若者の県外流出をくい止めるためにも、県内の産業界などを担う逸材を、この大学で、ぜひ育成してほしいものである。そのためには、県の施策と連動した教育・研究を大学が展開し、産業界からは講師を派遣するなど、官・学・産が強力に連携して当たらねばなるまい。また、学生が在学中に実務経験を身に付けるための研修（インターンシップ）も必要であると考える。座学はもちろん必須であるが、実学も重視したシラバスは、より現実的・具体的な形を伴って、学生たちの心身をたくましくするのではないかと考える。

3．国際化に通用する人材の育成

一九八九年十一月、ブランデンブルク（ベルリン）の壁が破られた時から、グローバリゼーション（国際化、世界化）が始まったといわれる。その後、国家間の壁はますます低くなり、国際化の歩みが一段と速い世の中になってきた。

県立大学は、環日本海の拠点である新潟市に位置する。その立地条件や今後の新潟県を考えると、ロシア、中国、韓国など北東アジアとの関係に留意した教育が必要である。また、そうした国とコミュニケーションする語学力やディベート力などを身に付けることも重要であると考える。

4．地域・環境にスポットライト

新潟県は、自然に恵まれ住みやすい所である。だが、少子高齢化・地域間格差・環境問題など、現代社会のひずみの部分も抱えている。

学生たちに、足もとの郷土をさまざまな視点からじっくりと見つめ直させ、その学びを通して地域に貢献できることを発信し続ける大学、いや、行動できる大学であってほしいと思う。

以上、新潟県にその根を張り、北東アジア、世界に貢献できる「ひと」づくりを目指した大学を実現してほしいと願っている。

教育は心と心の触れ合い

新潟県健康づくり・スポーツ医科学センター長／新潟大学・大学入試センター名誉教授　荒川正昭

一九七二（昭和四十七）年四月、私は恩師木下康民先生（新潟大学第二内科教授）のご推薦により、新設間もない川崎医科大学（岡山県倉敷市）に赴任しました。創設者の川崎祐宣先生（岡山市・財団法人川崎病院院長）は、我が国の医療を担う良医（名医ではない）を育成することを願い、「人間を造る、身体を鍛える、医学を究める」を建学の精神に掲げ、戦後初めて私立医科大学を設立しました。教育のシステムも、従来の国立大学の講座縦割り、講義偏重の教育ではなく、講義は臓器別、機能別に編成され、徹底して病棟実習を重視するものでした。

川崎先生が常日頃語っておられた言葉の中に、「老医の戯言《たわごと》」があります。先生は老医どころか、若者をもしのぐ高い志と熱い情熱をもって、いささかの私心も持たず、教育、研究、診療、学校運営に当たられました。教員は先生の熱い思いを肌で感じ、新しい医学教育に取り組んだのであります。

医療は患者のためにあり、医療のために患者があるのではない
病院は患者のためにあり、病院のために患者があるのではない
医師は患者のためにあり、医師のために患者があるのではない
患者が主人公であり、医師は奉仕者である

誠に含蓄のある言葉ですが、「医療」を「教育」、「患者」を「学生」、「病院」を「大学」、「医師」を「教員」と読み替えると、医療と教育の目指すところが全く同じであることが分かります。
医療の原点は医師と患者（ならびに家族）の心と心、魂と魂の触れ合いであると思います。教育教育の原点も、まさに心と心の触れ合いであります。川崎医科大学、新潟大学を通しての現役時代、病棟の臨床実習中はもちろん、実習時間外でも、学生がいつでもスタッフを訪ねて、話し合い、学習ができる教室（講座）であることを心掛け、これを私の信条としていました。最近、研究室にoffice hourを設けて、学生と会うことが流行《はや》っているようですが、office hourなど設けずに、いつでも学生を受け入れるのが本筋であります。文部科学省の大学設置後審査のためにある大学を訪れた時、学生が「看板教授と呼ばれている某先生は大変高名な方ですが、大学を不在にすることが多く、私たちは会ったことがありません」と言ったことが思い出されます。

かつての日本、江戸時代の寺子屋、藩校、私的な塾には、厳しい中にも心温かい人の触れ合いがあったと伝えられています。このような心の交流を、マンモス授業に期待することは酷かもしれませんが、小規模な大学では実際に行われています。かつて、「医師と教師は聖職である」とい

われましたが（今や死語となった?・）、時には多少の自己犠牲を払っても、公に奉仕することが求められているからでしょう。

現在、医学・医療を通して体力・競技力向上、健康づくりに参加し、時に二つの大学で若者に講義をしている、老医、老教師の世代の私ですが、所感の一端を述べました。時折思い出していただければ、幸いに存じます。

県立大学の特徴を生かした教育・研究の成果を期待します

新潟大学教授（新潟大学女性研究者支援室長）五十嵐由利子

念願の四年制大学としての船出が目前となり、関係の皆さまのご努力に敬意を表しますとともに、心よりお祝い申し上げます。

県立新潟女子短期大学と私の接点から、新たな発展に向けたメッセージをと思います。

県立新潟女子短期大学が発足する時、食物専攻に山田雅子先生、被服専攻に平沢和子先生と山崎光子先生が教員として着任されました。この三人の先生方は新潟大学教育学部卒業生で、私の尊敬する先輩です。お会いするたびに刺激を受け、たくさんのアドバイスを頂き、私にとってのロールモデルでした。四年制になると学生と接する時間が当然長くなります。そのとき、学生にとって、また、若い先生方にとってロールモデルとなる先生が多くいることは、教育・研究に対する取り組み姿勢にも影響しますし、入学志願者増にも波及すると思います。

また、一九九六（平成八）年までの十五年間、「住居学」の非常勤講師として前期の授業に毎週通いました。中学校家庭科の教員免許取得希望の二年生が主たる対象でしたが、年々、就職活動が厳しくなり（盛んになり）、それがちょうどテスト期間とよく重なり、新潟大学に来ていただいてテストをしたこともありました。短大ではカリキュラムが過密になり、入学した翌年の前期のうちの就職活動は、学生にとっても教員にとっても大変なことと思いました。各学科の教育目標を具現化する四年間のカリキュラム編成において、基礎的な知識技能はもちろんですが、キャリア形成が重要で、インターンシップ（就業体験）の位置付けも大きな要因になると思います。目的意識を早く持った学生は何事にも積極的に取り組んでいます。

短大そのものの組織ではありませんが、短大の先生方が中心となって設立された新潟県生活文化研究会では、住生活分野のメンバーとして、新潟県などで主催していた「明日の住まい展」での主催者企画を担当し、気候風土に合った住まい、地震に強い住まいなどの提案をしました。最近はあまり活発に活動しておらず心苦しく思っている次第ですが、今、大学に求められている「社会貢献」という観点から、この研究会は一つの足掛かりになると思われます。新学部「人間生活学部」がこの新潟県生活文化研究会の中心となり、発展されることを期待します。

さて、県立大学設置にかかわっては、短大の在職教員や短大後援会の方から四年制大学に向けての応援依頼がありました。それは、平山征夫知事のころの新潟県総合計画審議会で、今後の県の将来像を審議している時でした。審議会委員の一人として、これからの高等教育において二年間では十分な人材養成が難しいこと、また、これまでの実績を踏まえた研究の高度化が必要だといった趣旨の発言をした記憶があります。そして、具体的に四年制大学設立に向けて準備が進められ「新潟県立大学（仮称）基本構想」が二〇〇七（平成十九）年六月開催の第一回県立大学設置有識者懇談会に提案され、同年十月に「県立大学設立に関する提言書」として新潟県知事に渡されました。この有識者懇談会の委員として、キャリア教育の重要性、これまで培われてきた生活環境にかかわる研究実績の今後の発展、また、短大での女子教育の実績を踏まえた男女共同参画社会の担い手となる人材養成をといったことなどをお話しさせていただきました。

いよいよ四年制大学発足となると、全国の大学が頭を悩ましている定員確保が大きな課題となることでしょう。それには、卒業後の進路、どんなところに就職できるかが大きく関係してくるのはもちろんですが、新潟県の高校二年生を対象とした最近の調査では、「学ぶ内容やカリキュラムに魅力」を県外進学希望者が大学選択で最も重要視しているという報告がありました。

このことは、大学の「教育・研究の目的」にかかわってきますし、七年ごとに大学に義務付けられている大学機関別認証評価でも非常に重要になってきます。新潟大学では、平成十九年度にこの認証評価を受審し、基準を満たしていると評価されましたが、私は、当時、評価担当の副学長として自己評価書作成のとりまとめをしました。その時、教育の成果などを具体的に記載することの難しさを感じましたが、特色ある教育の取り組みがあると書きやすく、また、それは評価機関から高い評価を受けました。このような特色ある取り組みは、人材養成の観点からも、定員確保という観点からも重要です。これまで短大の二年間では成果を上げにくかった人材養成のテーマを、県立大学が四年間というスパンの中で構想し、新潟県だけでなく世界に有用な人材を輩出することを祈念しております。

あわせて、より良い教育を行うには、教員の研究実績も不可欠です。最近の食生活を取り巻くもろもろの課題への対応を、短大で専攻科を設置してきた実績を持つ新学部の食品栄養学科に期待したいと思っています。なお、当然のことですが、研究成果を上げるための研究環境の充実も大切です。

県立大学という性格を生かし、県内のさまざまな機関・企業と連携し、成果を上げられることを切望いたします。

学長経験者として

元県立新潟女子短期大学学長（新潟大学名誉教授）　島津光夫

短大の学長経験者も私一人になってしまった。その私も短大を去ってから十一年になる。短大の学長に就任したのは、創設以来初めて新しい学科、専攻をつくる準備をしていた時期であった。そして一九九三（平成五）年、新しい学科編成がスタートした。そのような時期に学長をしていたので、今でも気分の上では短大との縁が切れないでいる。

当時公立短期大学協会で一緒だった短大の多くが四年制大学になってしまった。十二年ほど遅れてしまったが、来年四月に四年制大学に衣替えすることになったことは喜ばしい。

学科新設の際は、新潟という地域のイメージと短大という条件のため、先生を集めるのに苦労したが、いろいろな人の援助で有能な先生を集めることができた。しかし、その後何人かの先生に四年制大学に逃げられてしまった。

新設時にロシア語の教授として東京から移ってこられ、国際教養学科を軌道に乗せてくださった飯田規和先生は、その後学長を務められたが、退任後ほどなく亡くなられたことが惜しまれる。新しい大学の大きな骨組みは変わらないように見受けられるが、理念や学習内容は大きく変わると思う。しかし四十数年積み上げてきた短大の実績や、少なくとも十五年前に時代に即応して新設した学科や専攻の成果と問題点は総括しておく必要があろう。

国際教養学科は当時一種の流行学科であった。新潟では北東アジアを見据えて計画されたもので、ロ・中・韓の言語学習を中心にし、北東アジアの政治、経済、文化を学習することを目的とした。女子学生は語学に向いているためか、言語の学習は成果が上がり、卒業後も外国の大学や、国内四年生大学や外語大などの三年生に編入学する学生がかなりいた。しかし短大の学生の多くは県内に就職するが、習得した外国語を活用して働いている例が極めて少ないのが残念である。

この十五年の間に、北東アジアは大きく様変わりした。当初夏の語学研修に黒竜江大学やハバロフスク教育大学に出掛けた学生は日本の大学や市民の生活とのギャップに戸惑ったようだが、現在は中国もロシアもすっかり変ぼうしたと聞いている。今後はそれに応じた交流になるであろう。

語学研修を受け入れてもらうための韓国や中国の大学との姉妹校締結交渉では短大であるための悲哀を感じたが、四年制大学になれば話は別であろう。

生活福祉専攻は実習の重視と地道な学習で、卒業生は県内の職場で活躍していると聞いている。しかし国の福祉政策は必ずしも期待する方向に進んでいない。福祉の職場もそこで働いている者も経済的に必ずしも恵まれていない。福祉の職場で働くことを希望する若者が減少していると聞いている。高齢社会を迎えている現在、経済的にもぜひ改善してほしい。

だいぶ苦労してつくった食物栄養学専攻の専攻科は一定の成果を挙げていると聞いている。厚生労働省の管理栄養士制度の見直しで、専攻科修了者の道が閉ざされそうになっている時期なので、四年制実現をことさら喜んでいる。食の安全や栄養の問題は国民生活でますます重要になっている。今後さらに教育を充実させ、社会の要求に応えることを期待したい。紙数が限られているので、他学科については割愛する。

少子化の進む中で、多くの大学が学生確保に苦労している。私は短大の先生に会う機会があるとよく今年の志願率はと聞くが、学科による凹凸があるが一定の倍率を確保しているとの答えであった。今までの教育実績と授業料が安く、自宅から通学できることなどがその理由と思われる。

私が短大に移った時は、研究中心の国立の四年制大学との違いに戸惑ったが、短大の先生方は極めて教育熱心である。ただ全体として内向きで、社会に発信することにはあまり関心がなかったように感じられた。国立大学も独立行政法人になって事情は変わったようである。新しい大学も独立行政法人という制度を経験することになる。いや応なしに意識の変革が求められるであろう。

県立女子短大の学生はほとんどが県内出身で、新潟県民の良いところを身に付けた子女が多かった。このことは短い期間ではあったが短大に勤めたものとして誇りに思っている。男女共学の四年生大学になっても、その良さをぜひ守り育てていってもらいたいものだ。

新潟を発信できる大学へ ―データバンクからシンクタンクへ―

新潟県生活文化研究会元会長　本間伸夫

県立大学と国立大学の違い、あるいは、私立大学との違いは何であろうか、地域とはどのようにかかわっているのであろうか、と時折考えさせられます。

私立大学には、その大学独自の建学の理念があり、基本的には、その理念に賛同する人々のための教育の場である、ということができます。だから、対象となる人たちはあくまでもその理念に賛同する人たちであって、地域性というものは、原則として考慮外になっています。

国立大学では、教育の機会均等という立場から国民に平等に門戸が開かれているのが原則ですので、地域性という因子は考慮しなくてもよいはずです。基本的には、全国民のために資することが国立大学が設置される目的ですから。では、県立大学では、以上のことがどうなるのでしょうか。端的にいえば、県民のためになることが県立大学設置の目的であって、国立大学において必ずしも必須ではなかった地域という条件がその中に入ってきます。

そのため、県立大学に期待することも、県という地域から離れることができません。地域社会に貢献できる人材の養成と地域に還元でき得る研究は原則的な役割でありますが、それに加えて特に強く期待していることに絞りますと、広く国内外に「新潟を発信できる大学」になること、具体的には、発信源となる「新潟県データバンク」とでも名付けられるシステムを、大学としてつくり上げることです。

そのデータバンクには「新潟県に関するもろもろのデータ」が収められていて、市民生活や産業関連などから行政に至るまでのすべてにおいて活用できることを目的とします。さらには、このデータバンクを基にして、新潟県のシンクタンクの拠点となることも期待できます。

今日は国際化の時代、県内にのみとどまることはできないので、国内外で新潟県にかかわると判断できるものまでを含めた「新潟県にかかわると考えられるすべてのデータ」の収集・整理に始まって検索・利用までが可能となるシステム、表現を変えると受信から発信までのシステム、となるでしょう。県立大学ですから、県内のデータについては県の組織を活用できる利点もあります。この大学には国際系学部が設置される予定ですので、国際的な発信や受信に関してはスムーズに事が進行することになるはずです。さらに、発信に値するデータが、大学独自の研究でもってデータバンクに収められることも大いに期待されることです。また、県内に立地する複数の他大学との協力も不可欠となることでしょう。

このデータバンクの構築には、多大なエネルギー、時間、経費、それに人材が不可欠です。データの更新についても同様です。できれば、県の行政組織とタイアップしながら、長期展望でもって積み上げていただきたいものです。

このデータバンクに収められたデータは、当然のことながら、フィードバックされて行政などで活用されます。県民は生活に関する情報をインターネットなどを通じて、必要に応じて入手できますが、その際、生活系学部からのアドバイスも加わるはずです。

専門の食の立場から具体的な例を挙げてみます。昨今、食料問題が厳しい国際的なテーマになりつつあることを痛切に感じざるを得ない状況に直面しています。おおげさにいえば、これは、国家の存否にかかわるような問題ではないか、どう対応すればよいのか、と考えさせられます。少なくとも、国際的な視点を含めた総合的な判断が不可欠でしょう。食料自給率が四〇パーセントを切るという切実なテーマについて、例えば、国際経済的立場から、あるいは栄養学的立場からの問題提起がこのシステムから発信されるでしょう。幸いにして、国際系と生活系の二学部構成ですので、両者タイアップして出来上がったデータバンクをよりどころにした新潟県のシンクタンクになることにトライしていただきたいものです。

新潟県データバンクは、置かれた環境から、おのずから食関連が多くなるはずです。そうしたデータバンクを持つ大学となることができれば、日本の食料基地と目されている新潟県らしい大学、特色ある大学として、全国的に注目されるのではないでしょうか。

「県短」設立に注がれた会員の信念と情熱
―大学婦人協会新潟支部「創立30年記念誌」から―

社団法人大学婦人協会新潟支部副支部長　小林裕子

「昭和二十五年からは新しく〝短期大学〟が各地にその誕生を見るようになって、大県といわれるわが新潟県にももと期待を持ってみたが、県、市、ともに沙汰もないままに昭和二十七年には全国で短大二〇〇校を遥かに超え、その半数は女子短大なのであった。年度末の新聞紙上に発表される合格者の中に、本県女子学生が東京方面の大学、短大はいうに及ばず、隣県の公、私立の女子短大に名を連ねているのが目立ち始めた。この動きを見るにつけ、その陰には、勝れた素質を持ち、希望に燃えながらも、家計の事情その他で大学への進学を断念せざるをえないものが多いという現実を見逃せなかった」

大学婦人協会新潟支部が「県立新潟女子短大」設立に取り組むことになった経緯について、先輩会員が当支部創立三十年記念誌にこのように記しています。女子の高等教育の推進を目標に掲げて活動を始めた会員にとって、これは座視できない問題であったに違いありません。

運動を始めるに先立って、一九五四（昭和二十九）年、県内の二年と三年の女子高校生を対象にアンケート調査を実施。進学希望者のうち「新潟に二年制の大学があれば進学したい」との回答が九八パーセントを占めるという結果に力を得て、翌年の事業計画に「女子短大設置促進運動」を掲げ、専門委員を選出して本格的な取り組みを始めました。五六（昭和三十一）年には期成同盟会を、さらには、十三団体からなる新潟婦人協議会を結成して、県知事、市長、県・市議会に陳情書、請願書を提出するかたわら、他県の女子短大の視察、新聞社や放送局への協力要請など、その精力的な活動が詳細につづられています。

「陳情ということは非常に時間のかかることで、お話しできる時間は十分か二十分でも、その前にご都合を伺いに行かなければならないし、日時が決まっても、順番を待つ時間が時には何時間もかかったり、またたまには、緊急のことがでたので日をあらためて、といったこともあって、それはたいへんなことでした」

県の財政事情に通じている人からはその向こう見ずな猛進ぶりを嘆かれ、県会議員への陳情の折には「県立女子短大の設立、それはだめですね。女に勉強させると、あなたがたのように、口から先に生まれてきたようなかわいげのない女ができてしまってはたまりませんからね」と揶揄《やゆ》されたことも。「なんという言葉でしょう。私たちも選挙権を持っているのに、とあきれ返り、かえって鎮静してしまって、これは私たちをへきえきさせる手かもしれないと笑顔で受け止め、ひたすらお願いしてきたこともありました」と、柳に風の自在な対応も鮮やかだったようです。

この間、五五（昭和三十）年には新潟大火に見舞われて運動も中断を余儀なくされるなどの曲折を経て、六三（昭和三十八）年四月、県立新潟女子短期大学の開学にこぎ着けています。

その後も「県短」に寄せる会員の思いは変わらず、七七（昭和五十二）年に短大設立推進活動の発足当時から念願していた四年制大学への昇格を目指して、新たな運動を展開。難航する中でたゆまず続けられてきた活動は、二〇〇九年の四月には男女共学の四年制県立大学として実を結ぶことになりました。七九（昭和五十四）年に県議会に提出され、採択された「特色ある四年制県立女子大学の設立に関する請願書」の内容のいくつかは、県立新潟大学の基本構想に色濃く反映され、その思いは確実に引き継がれています。

女性の社会的役割と女子教育の重要性を訴え、信念と情熱を持って、県立女子短大の設立推進活動を十年にわたって続けてきた先輩会員をはじめ、その活動を支え、協力を惜しまなかった多くの県民や、猛攻に閉口しながらも要望の実現に向けて難題をクリアしていった当局、そして何よりも「県短」が輩出した有為の人材である女性たちの華々しい活躍という、そのすべてが、県立の四年制大学の開学という最終目標の達成にいかに大きな力となったかを思うとき、賛嘆と敬意の念を抱かずにはいられません。そして、「県短」への惜別の思いを、近い将来、この県立四年制大学から、世界に目を向けつつ、地域で活躍する卓越した人材が男女を問わずに巣立っていくことへの限りない期待に変えて、その行く末を見守っていきたいと思っています。

Niigata Women's College 45th

第7章

県立新潟女子短期大学の歩み

一、開学と女子教育

時代状況

太平洋戦争敗戦後の日本の高等教育は新制大学の認可から始まります。文部省は一九四七（昭和二十二）年の秋に帝国大学の名称を廃止し、翌年一月には新制大学設置審査機関である大学設置委員会を立ち上げました。また翌々年の四九（昭和二十四）年五月には国立学校設置法が公布され、各都道府県に新制国立大学六十九校が設置されることになります。この年、学校教育法の一部改正によって当面の暫定的措置として修業年限二年または三年の大学の設置が可能となったのです。これにより、五〇（昭和二十五）年には、全国に百四十九校の短期大学が誕生することとなりました。その後、わずか五年の間にさらに百校以上（女子短大は四十一校）が新設され、四年制大学を補完するかたちで国民の教育熱に応えたのです。

県立短大設立運動

新潟県では戦後しばらく新たな大学を作ろうという気運がなく、県内の高等教育機関は新潟大学と柏崎短期大学しかありませんでしたが、女子の進学熱が次第に高まったことを受けて、五五（昭和三十）年に、女子教育振興を目的とした県立の女子短期大学を作ろうという運動が始まりました。母体となったのは大学婦人協会新潟支部です。その翌年には県の副知事を会長として「新潟県立女子短期大学設立期成同盟会」が組織され、新潟市議会や新潟県議会にたび重なる陳情や請願を繰り返しましたが、財政の悪化を理由に県は容易に取り上げることはありませんでした。その設置がようやく認められたのは六年後の六二（昭和三十七）年のことです。

学科構成

当初の学科構成を右の設立期成同盟会が次のように提案しています。

家政科（被服専攻・食物専攻、保育専攻は当面保留）　定員八十人
文　科（英文または国文専攻）　定員四十人

六三（昭和三十八）年、このうち実際に発足したのは家政科一学科でした。教養系の文科よりも実学系の家政科が優先されたところには、当時の女子教育の観念と世間の期待が反映されていると見ることができるでしょう。家庭における裁縫や料理そして子育てがまだ女性の役割として強く求められていた時代でした。しかし、実学的要素を持ちながらも大学教育としては新しい科学技術に裏付けられた学問としてそれらを追究することになります。実際、次節に見るように本学で学んだ知識や教養は家庭で生かされるよりも、卒業後の学生の社会進出のために活用されていったのでした。

開学準備

大学を作るときに最も大切で、しかも最も困難な問題は、施設設備もさることながら、大学教育を担うにふさわしい教授陣をそろえることです。当時、開学の責務を担った新潟県庁事務方の回顧談の一部を次に掲げてみましょう。

昭和三十七年五月一日、予告なしに突然女子短大第一号の辞令を貰った。「昭和三十八年四月に県立の女子短大を開学せよ」との至上命令であった。短大の予備知識はゼロに近い。具体的な資料がない。相談し指示をしてくれる学長も主任教授もいない。担当者として頼れるのは伊田高喜君唯一人。認可申請の内容は広範囲で複雑、量が多い。締切りまで四ケ月、どう計算しても時間不足である。開学延期は客観状勢が許さない。この日から時間との戦い、伊田君と焦燥の二人三脚が始まった。

一、最大の難事は教員の選考である。文部省の厳しい審査を一回でパスする有資格者を見つけること。招へいの交渉。それに続く書類手続完備は、県の力でも時間的に不可能であった。幸い伊藤学長を頂点とする新潟大学の全面的支援と先進各大学の特別のご好意で、この難関を切り抜けることができた。

二、続く難問は建物の内部設備の詳細な設計である。モデルプランがない。主任教授はいない。外部発注は無理。方法は唯一つ足にまかせて先進大学と中央の権威ある先生をお訪ねし、教えを乞う以外に道はない。時間と人数が欲しい。突然の訪問でしかも初対面の中で皆様からはご多忙の時間を割いて懇切に指導して頂き、　　様に「ご苦労様です。頑張って立派な短大を作って下さい」と励まして頂いた。これらの積み重ねによって、構想を決め平面図を作り各室内部配置図を書いて建築課の本設計にまわし、その上各室の設備の規格を決めて業者に指示するまでの仕事は、技術的なことは勿論息のつまるような時間との競争に明け暮れた。（以下省略）

（『県立新潟女子短期大学二十五年史』掲載、初代総務課長小川正一氏の回想より）

【参考】入学金と授業料

	開学時	二〇〇八年度
入学金	二千円（県外者　四千円）	十六万九千二百円（県外者　三十四万五千円）
授業料	一万二千円	三十九万円
父母の会費	六千円	一万円

二、開学初期と学科増設

開学初期

一九六三（昭和三十八）年に本学は、家政科一学科、学生定員八十人（各専攻四十人）で開学します。第一回の入学試験には、被服専攻に百七人、食物専攻に百七十五人、計二百八十二人が志願し、競争倍率は三倍半でした。また学長ほか発足時の教員数は、教養科四人、被服専攻五人、食物専攻十人でした。極めて小規模な大学としての発足です。食物専攻の教員数が被服専攻よりも多いのは授与する資格の関係からです。本学は栄養士養成課程を持つ短大として発足し、開学以来栄養士の資格を与えてきました。当初は三年制の特例栄養士（管理栄養士）の資格を与える計画もありましたが、施設面で認可の条件を備えていなかったことから、六六（昭和四十一）年に断念しています。開学以来、長年にわたって食物専攻の卒業生のほとんどが栄養士の資格を取得しています。栄養士のほかに教員免許を合わせた第一回生の資格・免許取得状況は次の通りでした。

	教員免許	栄養士資格
被服専攻（四十人）	三十九人	――
食物専攻（四十人）	十九人	四十人

卒業生の進路

特に取得資格がなかった被服専攻では教員免許（中学校教諭二級普通免許「家庭」）の取得に力を入れてきました。開学後五年間はほとんどの学生が教員免許を取得しています。これらの資格・免許が学生の進路にどのように反映したかを食物専攻第一回生の例で見てみましょう。

栄養士（学校・病院・そのほか）……十八人
研究職……三人
教職……二人
生活改良普及員……二人
そのほかの専門職……二人
一般事務員……八人
進学……二人
不明・そのほか……三人

（食物専攻第一回卒業生の就職状況）

残念ながら被服専攻初期の進路データはありませんが、卒業後三十余年を経た九七（平成九）年現在の名簿で確認しますと、四十人中十一人が小中学校や養護学校の教職に就いていています。ただし、その後四年制大学を卒業する学生の増加に従って、就職先としては次第に難しくなってゆきました。

学科の増設

前節で述べたように、当初の学科構成は家政科の中に「保育専攻」を加え、かつ文科を設置して英文または国文専攻を置くという案でした。これを受けて実際に増設されたのは、英文科（定員八十人）と幼児教育科（定員四十人）でした。

教員の気概

幼児教育科の設置については多少の曲折がありました。当初の案では家政科に「保育専攻」を設けるというものでしたが、当時次第に高まってきた幼児期の教育に対する社会的関心の動向を受けて、設置者側から「保育」ではなく幼稚園教員養成機関が望ましいとの判断が示されました。また開設時と違って、この時はすでに専任教員がいたことから、学内では新設学科の性格について熱心な議論が交わされました。議論の中の代表的な意見は「単なる職業教育でなく大学教育を」というものでした。ここには、たかが地方の小さな短大ではあっても、あくまで「アカデミックな大学教育を目指す」べきだ（第一回入学生に対する幼児教育科主任の言葉）という教員の気概が感じられます。これは今日でも変わらない本学の伝統です。

志願者

このような議論を経て新設された両学科の、第一回および二回目の入学試験志願者は次の通りでした。

学科専攻（定員数）	一九六六年度	一九六七年度
幼児教育科（四十人）	百四十九人	二百六十二人
英文科（八十人）	百七十二人	四百八十四人
家政科被服専攻（四十人）	七十二人	百九十九人
家政科食物専攻（四十人）	百十五人	二百二十三人

初年度は開学の情報があまり伝わらなかったようで、志願者のほとんどが県内の高校生でした。また、家政科の志願者が相対的に落ち込んでいるのも興味深く、女子の大学進学希望者数に限りがあったことを思わせます。開学二年目になると、受験者は飛躍的に増えて千人を超えますが、これは主に県外の受験生の大幅な増加によるものでした（県内＝七百九十五人、県外＝三百七十三人）。

県外出身者

その後も県外の志願者数は全体の半数を占め、入学者も三割、あるいは多いときで八割にも達しています。定員の三割程度を県外出身者が占めるのは、学生相互の刺激ともなって教育上は好ましいことですが、七八（昭和五十三）年には定員二百人のうち、県外の学生がほぼ半数の九十三人を占めました。主な出身県は、富山＝三十一人、長野＝十七人、山形＝十一人などなどで、隣接県からの学生が多かったのです。この事態を問題視した設置者は八〇（昭和五十五）年から県内の高校生に対する優遇措置として、県内卒業生に限った推薦入学制度を実施しました。入学金負担の増加とともに効果はてきめんに表れ、以後県外者の数は次第に減って一割を切るまでに至ります。さらに近年では地元の大学を志望する傾向が全国的に強まり、本学においても県外出身の在学生は極端に少なく、ともすると五パーセントを切る年もあります。

三、第二次ベビーブーム世代への対応

十八歳人口急増対策

一九九〇（平成二）年前後になると、太平洋戦争後のいわゆるベビーブーム世代が産んだ子どもたちが大学入学期を迎えました。このため八七年ごろから全国で大学の新設が急増します。図1のように、十八歳人口のピークが到来したのは九一年でした。本学でも設置者の要請を受けて九二（平成四）年には英文科の定員を二十人増やしました。ちょうどこのころは県内に私立大学開設の動きがあり、本学でも長年の念願だった四年制化に向けた気運が高まります。また設置者側でも、全国的に見て低い本県の進学率の向上を図る施策を必要としていたことから、九〇年には「大学等高等教育の推進に関する懇談会」を設置し、将来における高等教育のあり方についての諮問を行いました。その結果、本学に関しては、四年制大学にすべきであるという意見と短期大学のままで強化拡充すべきであるという意見が相半ばであるとの答申がなされ、設置者側の判断から

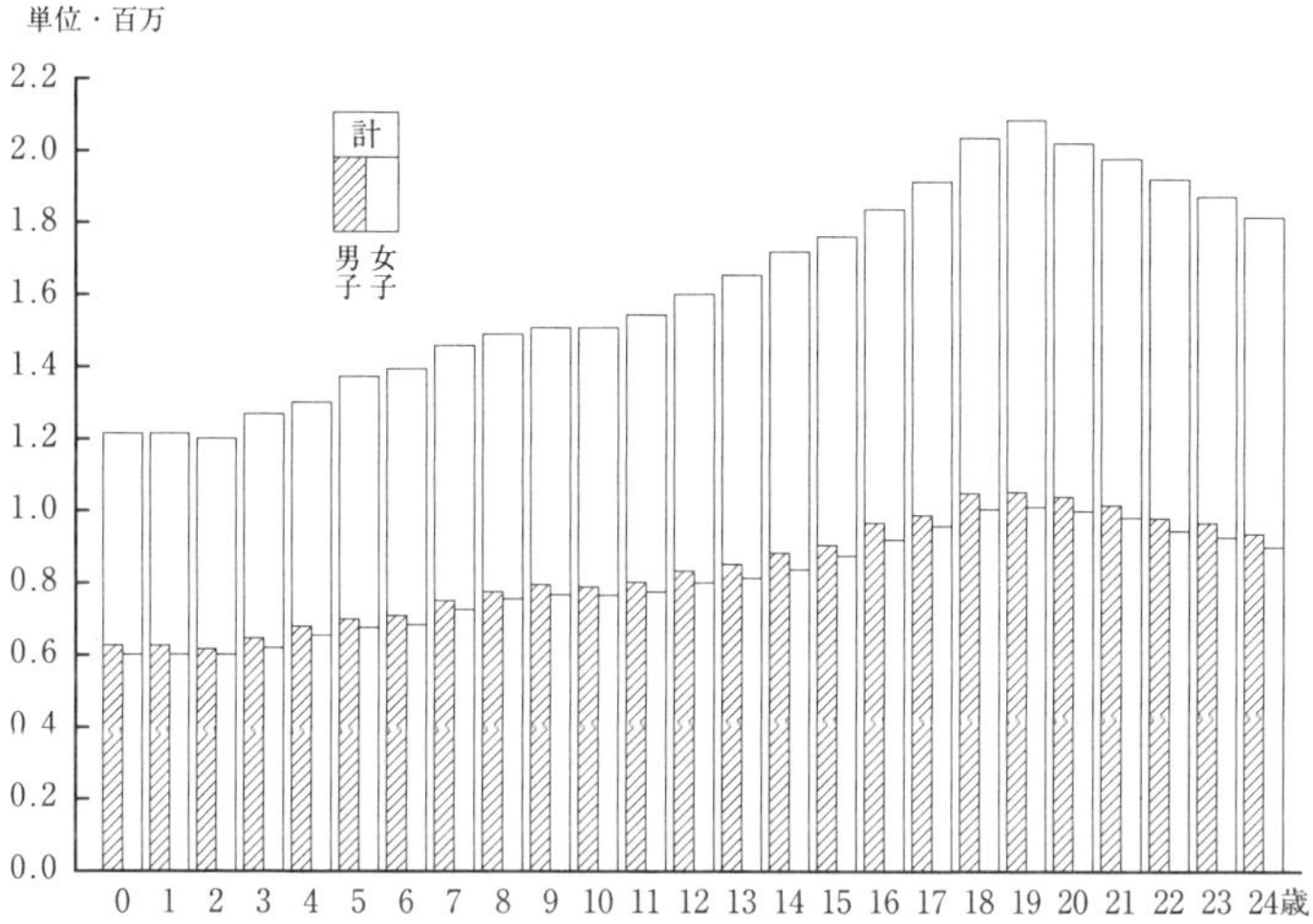

図1　1991（平成3）年10月現在の年齢別青少年人口
（総務庁、平成五年発行『平成四年版 青少年白書』より）

短期大学のままでの新学科の増設および定員増が決定されました。

短大の拡充

当時の社会的な関心を大まかに言えば、高度情報化社会の到来による情報技術者の不足、また高齢化社会を間近にひかえた社会福祉への関心、さらに日本海側の地域固有の事情としていわゆる「裏日本」からの脱却の問題がありました。すなわち時代のキーワードは〈情報〉〈福祉〉そして〈環日本海〉でした。とりわけソビエト連邦の崩壊による新生ロシアへの過度な期待という国際情勢の変化の中で、関東・東海・近畿圏からの経済的自立を目指した東北アジアとの直接的交流と、福祉サービスの充実は県施策の大きなテーマであり、本学の学科増設に選ばれたキーワードは〈福祉〉と〈環日本海〉だったのです。福祉は従来の家政科を時代に即応して改組した「生活科学科」の中の一専攻として、また環日本海に関する学科はロシア・中国・韓国の各語学教育を中心とした国際教養学科として新設されました。かくして九三（平成五）年、本学は次のような学科構成に変ぼうします。

生活科学科
- 生活科学専攻（四十人）
- 食物栄養専攻（四十人）
- 生活福祉専攻（五十人）増設

幼児教育学科（四十人）

英文学科（百人）

国際教養学科（百人）新設

※一学年総定員＝三百七十人

常勤教員数＝五十四人

この年には開学三十周年を迎えていましたが、この再出発においても女子の高等教育を担うという開学以来の使命は変わらなかったのです。

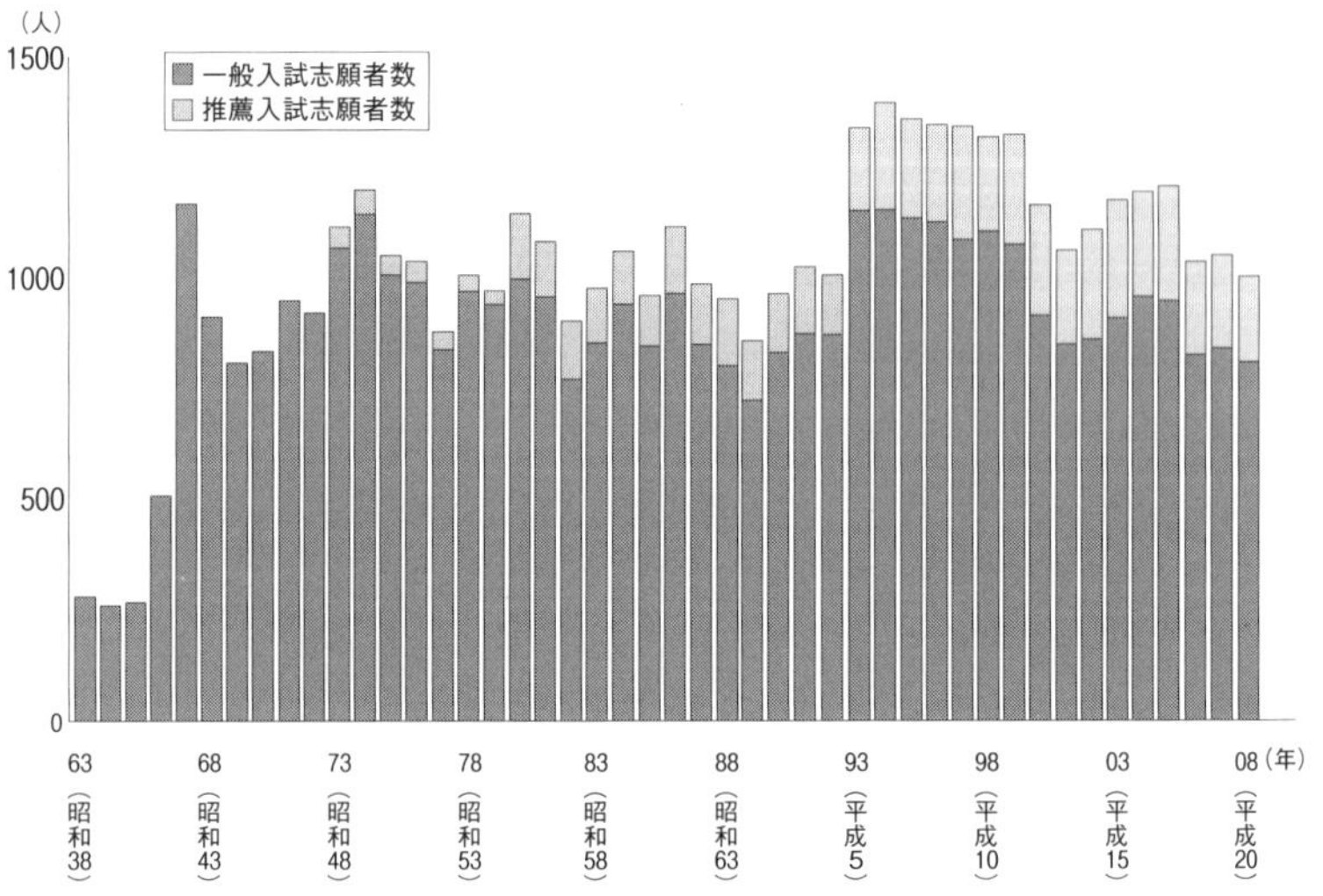

図2　入学試験志願者数の推移

志願者の状況

学科・専攻の増設による受験生の増加は図2の通りでした。拡充後の数年間は志願者が千三百人を超え、十八歳人口の急増に対処するという当面の目的は達していています。その後に来る受験生の減少については、進学率の向上によって補えるというのが設置者の見通しでしたが、その実態は四年制大学への進学率の向上であり、図4に見られるようにその後の短大離れは次第に大きな潮流となってゆきます。

四、十八歳人口の減少と短大離れ

大学全入時代

ピーク時に二百七万人近くいた日本の十八歳人口は、本学が学科増設を行った五年後には百六十四万人に激減します。進学率の上昇分を見込んでも、この急激な人口減少と逆にまた相次ぐ新設大学の設置によって、大学さえ選ばなければ志望者は容易に四年制大学へ進学することができる時代が来ました。そして二〇〇七年にはとうとう「大学全入時代の到来」とまでいわれるようになったのです。

編入制度が活路

本学でも短大離れは確実に加速しています。図2に見るように、入学試験の志願者は二〇〇六（平成十八）年以降は学科増設以前と変わらなくなりました。昨年度の入学試験では全体の志願者が千人を切るまでに減少しました。合格発表後の辞退者や手続き後の辞退者を含めると実質的な倍率はかなり低く、二倍を下回る学科も出ています。これに加えて四年制大学志向を顕著に示しているのは短大卒業後の進路です。次に就職と編入に大別した卒業生の進路状況を掲げてみましょう（図3）。

四大志向

国立大学が編入生枠を広げたこともあって、最近では卒業生の二割を超える学生が四年制大学に編入しています。もちろんこれは実際に編入した学生の数であり、希望者はさらに多くいます。学科別では英文学科と国際教養学科が多く、近年で

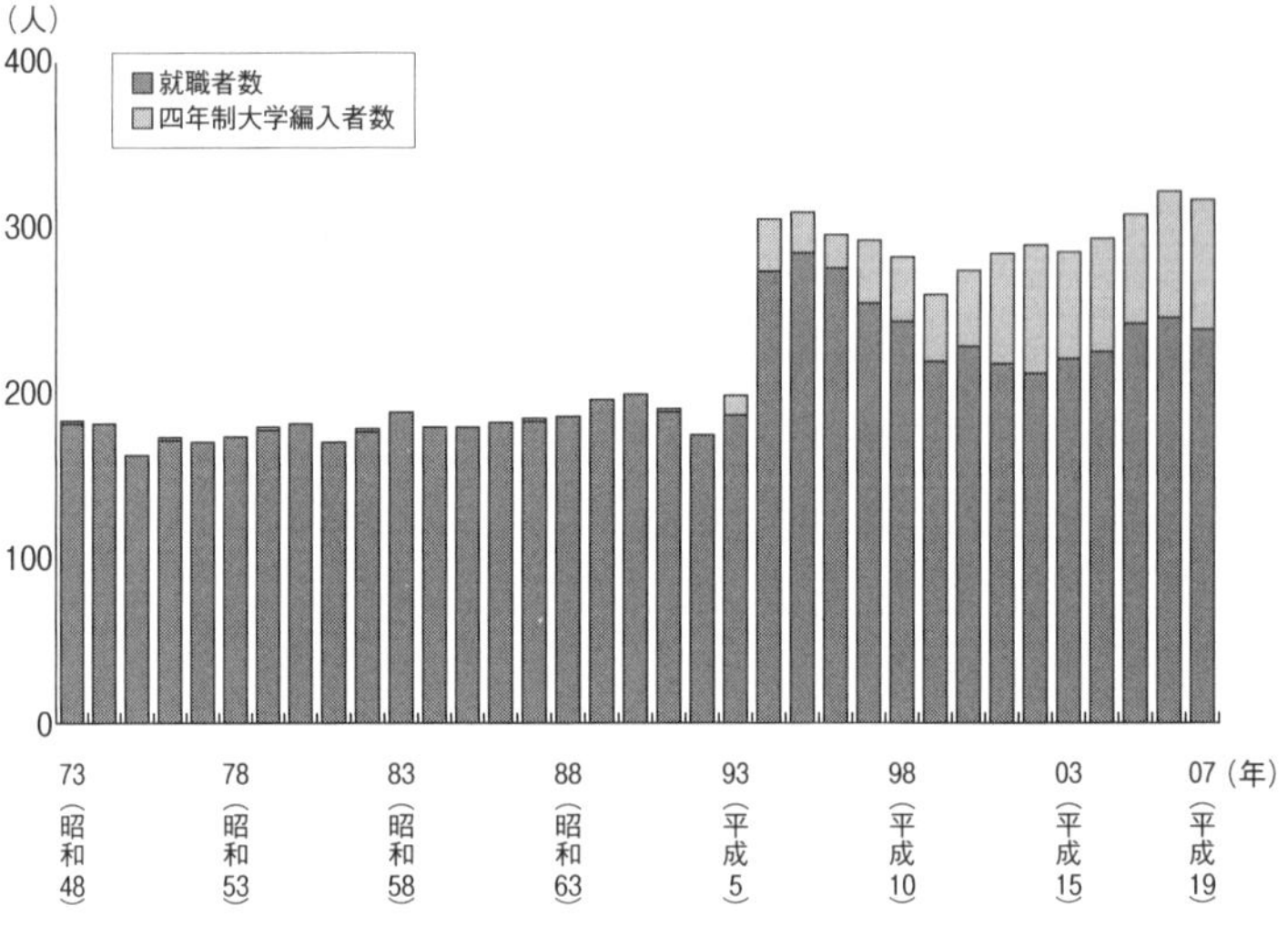

図3　卒業生の進路状況（就職者と大学編入者）

はいずれも三割前後の学生が四年制大学に編入しています。短大の予備校化とでも言いたい状況ではありますが、皮肉なことに四年制大学への編入実績は生活科学科や幼児教育学科と違って実用的な資格を取得することができない学科の存在意義の一部にまでなっています。

五、四年制大学構想

繰り返される運動

本学の四年制化への取り組みは長い年月にわたっています。開学時の一九六三（昭和三十八）年の時点では、二年ないし三年制の大学は明確に制度化されたものではなく、あくまでも暫定的措置でした。しかし翌年にはこれが制度化され、恒久化されることになります。その後十年余りを経て伊藤辰治第二代学長が県当局に四年制大学設置を要望し、さらに七八（昭和五十三）年には再び本学開学運動の母体となった大学婦人協会新潟支部を中心に「四年制大学昇格期成同盟会」が結成され、四年制化へ向けた取り組みがありましたが、実現するまでには至りませんでした。

学内においても四年制化の問題は「将来構想検討委員会」あるいは「将来計画策定特別委員会」などの委員会で今日に至るまで何度も検討が重ねられてきています。

県立大学設置運動のもっとも新しい組織は、二〇〇〇（平成一二）年三月に発足した「県立新潟女子短期大学の共学四年制化を進める会」です。

専攻科の設置

四年制化がなかなか実現しないなかで、生活科学科食物栄養専攻がとった一つの方法は、短大卒業者を受け入れる二年間の専攻科を設置することでした。一九九五（平成七）年四月、現況のままの教員スタッフや施設を利用した専攻科が設置され、栄養士養成施設（四年制）の指定を受けて今日に至っています。開設初年度から二〇〇五年度までは、専攻科修了とともに管理栄養士国家試験受験資格を得ることができましたが、しかし、栄養士法の改正によって〇六年度からは四年制の栄養士養成課程においては一年間定められた（栄養士）業務の実務経験終了後でなければ国家試験を目指すことができなくなりました。

知事の公約

「県立新潟女子短期大学の共学四年制化を進める会」の運動が実を結んで、県立大学設立構想がよ

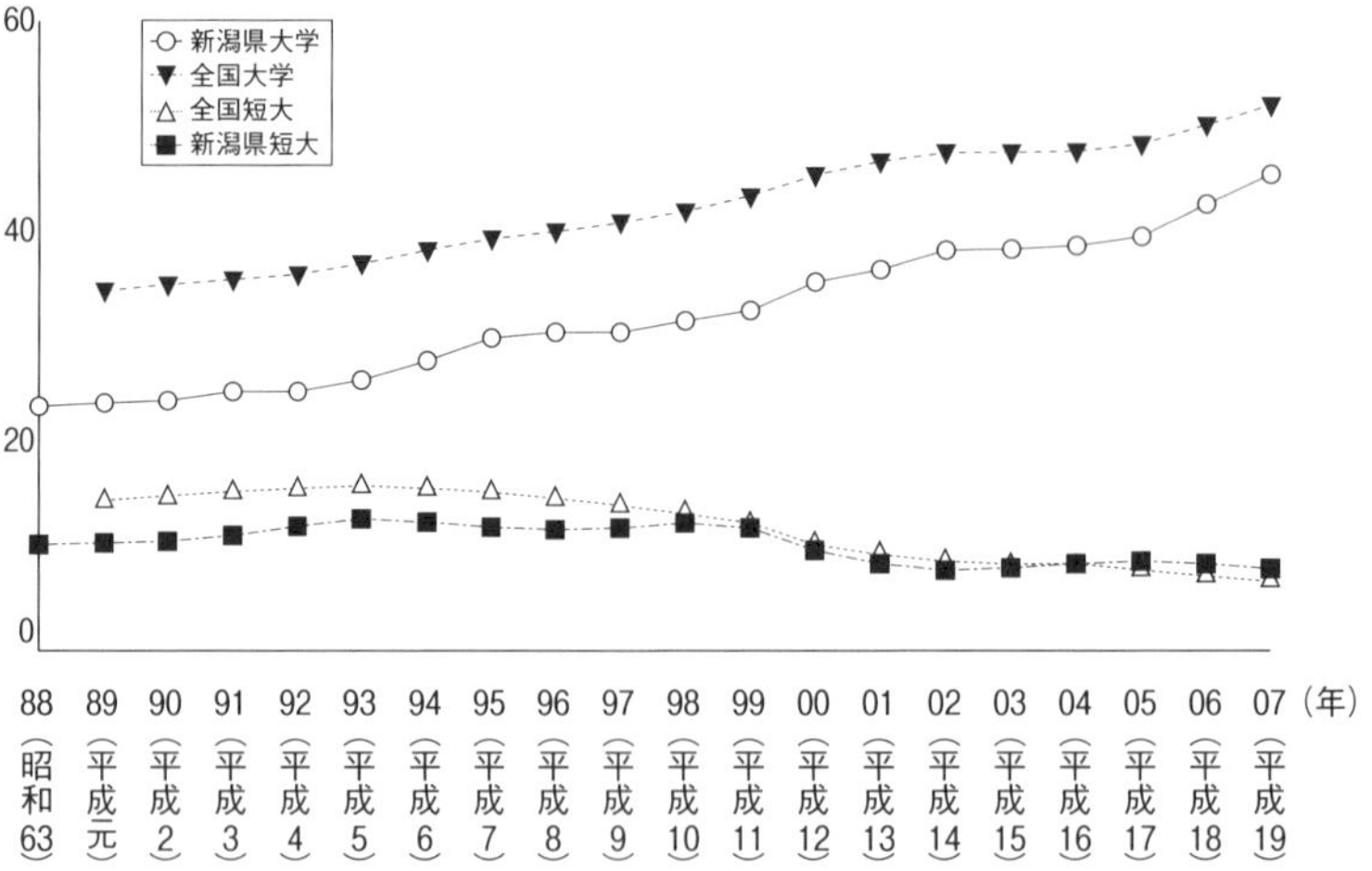

図４　大学志願率の推移
（『学校基本調査報告書』を参考に新潟県教育庁が作成）

うやく現実的なものになったのは、二〇〇〇（平成十二）年の県知事選挙における知事候補の公約によってでした。当時、本学の共学四年制化を公約して三選を果たした平山征夫知事は、任期半ば過ぎではありましたが、〇二（平成十四）年十二月に県立大学基本構想素案を発表しました。これは地域構想学部・人間科学部・情報科学部の三学部からなる案で、設置に要する予算は百七十億～二百億円と推測されました。しかし、長引く不況の中で地方財政は逼迫《ひっぱく》を極め、大学設置はしばらく頓挫しました。さらに、〇四（平成十六）年十月には中越地震が発生し、県はその災害復旧事業に専念することとなります。

県立大学設置案

三期の任期満了で退任した平山知事の後を受けて当選したのは泉田裕彦知事です。大学婦人協会や本学後援会などの団体の協力を得た本学からの強い働きかけがあって、泉田知事は県立大学の設置に前向きに対応しました。これによって県当局と短大側との共同作業による基本構想案づくりが始まり、〇六（平成十八）年一月、「新潟県立大学（仮称）基本構想（案）」として年間運営経費約十一億円を見込んだ国際政策学部・人間生活学部の二学部案が記者発表され、独立行政法人としての組織のあり方や施設設備などの検討に入ります。また県は、〇七（平成十九）年の六月から九月にかけて県立大学に関する有識者懇談会を開催しました。同年十月、有識者懇談会の答申がまとまり、知事はそのメンバーの一人として参加していた猪口孝氏を止式な学長予定者として発表しました。

計画されている県立大学は、国立の総合大学に比べれば、予算規模も学生定員も誠に小規模な大学ですが、しかしここにようやく悲願の四年制大学が実現することになったのです。学生総定員九百六十人に対して専任教員の数が七十余人という教育環境に恵まれた大学です。教育・研究ともに全国一のレベルを目指していかに魅力ある大学を作ってゆくかが今後の課題でありましょう。県民の負託に応えて、明日の新潟を支える人材を創出するために、教職員が一丸となって、県立新潟女子短期大学の伝統を生かしながら、新たな気持ちで再出発する考えでいます。

県立新潟女子短期大学略年表

西暦（和暦）	学長	本学関係事項	参考事項
一九五〇（昭和二十五）	前史		短期大学百四十九校発足 （うち七十七校が女子短大） 県内では柏崎短期大学開学
一九五五（昭和三十）		新潟女子短期大学設立促進準備会発足	短期大学総数二百六十四校 （うち百十八校が女子短大）
一九五六（昭和三十一）		新潟女子短期大学設立促進準備会を発展的に解消し、 新潟女子短期大学設置期成同盟世話人会を作る	
一九六二（昭和三十七）		新潟県、本学の設置を決める（場所は新潟市海老ケ瀬、 名称は「県立新潟女子短期大学」と決定）	
一九六三（昭和三十八）	田沢康夫	本学設置認可 家政科被服専攻・食物専攻（定員八十人） 栄養士養成施設の指定を受ける 中学校教諭二級普通免許状（家庭）修得課程認定	
一九六四（昭和三十九）			短期大学の恒久化 新潟国体 新潟地震発生 東京オリンピック開催
一九六五（昭和四十）			日韓条約調印
一九六六（昭和四十一）		英文科（定員八十人）・幼児教育科（定員四十人）を増設 中学校教諭二級普通免許状（英語）修得課程認定 幼稚園教諭二級普通免許状修得課程認定 付属幼稚園開園	早稲田大学全共闘学生、大学本部を封鎖 中国文化人革命起こる
一九六九（昭和四十四）			大学臨時措置法施行
一九七〇（昭和四十五）			反安保統一行動

一九七二（昭和四十七）			沖縄、日本復帰
一九七三（昭和四十八）	伊藤辰治	推薦入試の実施（家政科被服専攻）	
一九七四（昭和四十九）		衣料管理士（二級）の養成を開始 学長、県当局に対して四年制大学設置を要望	
一九七五（昭和五十）			短期大学設置基準制定
一九七七（昭和五十四）			新潟薬科大学開学
一九七八（昭和五十三）		大学婦人協会新潟支部が中心となって本学の四年制大学昇格期成同盟会を結成	上越教育大学開学 長岡技術科学大学開学
一九七九（昭和五十四）			国公立大学共通一次試験実施
一九八〇（昭和五十五）		全学科推薦入試の実施	
一九八一（昭和五十六）	鈴木保正		
一九八二（昭和五十七）			短期大学総数五百二十六校 （うち五十一校が公立短大） 国際大学開学
一九八四（昭和五十九）		学内将来構想検討委員会、報告書をまとめる	
一九八五（昭和六十）	塚原　叡		放送大学スタート
一九八七（昭和六十二）		一般社会人を対象とした特別受講生制度発足	国鉄分割・民営化
一九八八（昭和六十三）		開学二十五周年記念式典を挙行 特別教室棟竣工	新潟産業大学開学
一九八九（平成元年）		県立四年制大学設置要望案作成（学内将来構想委員会）	ベルリンの壁崩壊
一九九〇（平成二）		大学等高等教育の推進に関する懇談会設置（新潟県）	大学入学センター試験実施
一九九一（平成三）			十八歳人口ピークに達する 敬和学園大学開学 ソ連崩壊

一九九二（平成四）	島津光夫	英文科定員増（八十人から百人へ） 仁川専門大学（大韓民国）と交流協定締結	
一九九三（平成五）		一号館・第二体育館竣工 各学科の名称を変更 　家政科被服専攻→生活科学科生活科学専攻 　家政科食物専攻→生活科学科食物栄養専攻 　幼児教育科　　→幼児教育学科 　英文科　　　　→英文学科 生活科学科生活福祉専攻（定員五十人）を増設 　保母養成施設の指定を受ける 国際教養学科（定員百人）を新設 科目等履修生制度発足 開学二十周年記念式典を挙行	新潟国際情報大学開学
一九九四（平成六）			新潟経営大学開学 長岡造形大学開学
一九九五（平成七）		専攻科食物栄養専攻新設 栄養士養成施設（四年制）の指定を受ける インテリアプランナー受験資格取得可能な課程認定	新潟工科大学開学 阪神淡路大震災 地下鉄サリン事件
一九九六（平成八）		社会福祉士受験資格取得可能な課程認定 ハバロフスク教育大学（ロシア）と交流協定締結	短期大学総数五百九十八校 （うら六十三校が公立短大）
一九九七（平成九）	飯田規和		日本の人口の高齢化が進む
一九九八（平成十）		二級および木造建築士受験資格取得可能な課程認定	十八歳人口百六十二万人に減少
一九九九（平成十一）		学内将来計画策定特別委員会、報告書「新潟県立大学の設立要望」をまとめる（人間生活学部・国際交流学部・総合政策学部の三学部案）	
二〇〇〇（平成十二）		三選した平山征夫知事、本学の共学四年制化を公約する	新潟青陵大学開学

二〇〇一（平成十三）	飯田規和	敬和学園大学との単位互換協定を結ぶ	新潟医療福祉大学開学 アメリカ同時多発テロ事件
二〇〇二（平成十四）		県立大学基本構想素案を発表（新潟県） （予算規模は百七十億～二百億円を想定、地域構想学部・人間科学部・情報科学部の三学部案）	新潟県立看護大学開学
二〇〇三（平成十五）			国立大学法人法施行 米英のイラク攻撃
二〇〇四（平成十六）	岸井勇雄	財政難のため県立大学の設置を見送る（新潟県） 県立新潟女子短期大学の共学四年制化を進める会、活動を再開 泉田裕彦知事初当選	新潟県中越地震発生
二〇〇五（平成十七）		県立新潟女子短期大学の共学四年制化を進める会、県立大学の設置について知事に陳情を行う	
二〇〇六（平成十八）		新潟県立大学基本構想発表（新潟県） 国際政策学部・人間生活学部案 県立大学設立準備学内検討委員会設置	
二〇〇七（平成十九）		県立大学設立有識者懇談会の提言がまとまる 新潟県立大学の学長予定者に猪口孝東大名誉教授決定	大学全入時代の到来 短期大学総数四百三十五校 （うち三十四校が公立短大） 新潟県中越沖地震発生
二〇〇八（平成二十）		新潟県立大学の設置認可申請を行なう（新潟県） 国際地域学部・人間生活学部	
二〇〇九（平成二十一）		新潟県立大学開学（予定）	

あとがき

二〇〇八（平成二十）年三月、新潟県は文部科学省へ四年制大学の設置認可申請を行いました。手続きが順調に進めば二〇〇九年四月には新しい四年制大学が発足し、現在の県立新潟女子短期大学は閉学になります。しかし、新たな県立大学もこれまでの短大の遺産の上に築かれる予定です。つまり短期大学としての本学の閉学は、終わりではなく次のステップへの始まりです。私たちはこの機会に学問を志す若者へのメッセージとして本書を出版しました。内容の大半は、現教員スタッフの有志が自らの学問体験と教育を語った部分です。その点が、一般的な記念誌と異なるところです。世に多くある「記念誌」は、たいがい部外者が読んでもつまらないものですが、本書は県民の多くの方々に読んでいただけることを編集方針の基本としました。情熱をもって語りかける教員の言葉には耳を傾けるべき内容があります。これがわれわれのこれまでの「人づくり」の背景でした。

およそ半世紀にわたって新潟県の女子高等教育を担ってきた本学の使命も、もうすぐ終わろうとしています。この間、本学は一万人を超える卒業生を世に送ってきました。彼女たちはさまざまな分野で活躍しています。その声の一端を卒業生の声として載せました。

また、これまで本学を応援してくださった方々からは、今後の四年制県立大学に対する励ましや期待のお声をいただきました。末尾になりましたが記して感謝申し上げます。

二〇〇八年七月

県立新潟女子短期大学創立45周年記念誌編集委員会代表　板垣　俊一

及に関する調査研究」「放課後児童クラブにおけるガイドラインに関する調査研究」などがある。

小池 由佳　こいけ ゆか

奈良県出身。2002年4月、本学着任。修士（学術）。担当科目：児童福祉、児童福祉演習など。現在の研究テーマは、社会的養護のあり方を含めた地域子育て支援について。主要著書に『臨床に必要な児童福祉』（共著、弘文堂）、『よくわかる社会福祉』（共著、ミネルヴァ書房）などがある。

小澤 薫　おざわ かおる

東京都出身。2005年4月、本学着任。経済学修士。担当科目：社会保障論、生活経営学など。現在の研究テーマは、現代の貧困と社会保障。主要著書・論文に『どうする！あなたの社会保障③年金』（共著、旬報社）、「離職失業者とその世帯の生活状態について」「家族経営の危機と生活の保障について―農家生活実態調査をもとに―」などがある。

抗の影響」「The Effect of Turbulent Fluctuation of Air on Thermal Sensation」「ニューラルネットワークを利用した衣服の着用快適性評価」「Light Emitting Langmuir-Blodgett Films」「キトサンの吸湿性」などがある。

佐々木 博昭　ささき ひろあき
山形県出身。1978年4月、本学着任。博士（学術）、工学修士。担当科目：生活材料学、染色科学など。現在の研究テーマは、セルロース材料の機能加工。主な論文に「Temperature Dependence of Diffusion of a Disperse Dye in the Multiple Layers of Nylon Fabric」「Diffusion of an Acid Dye in a Multiple Porous Membrane Assembly」「Diffusion of p-Aminoazoben zene into Laminate of Film and Fabric」「Modification of Tencel with treatment of ferric sodium tartrate complex solution Ⅰ. Effect of treat ment condition」「Effect of Processing and Reactive Dyeing on Swelling and Pore Structure of Lyocell Fibers」などがある。

坂口 淳　さかぐち じゅん
神奈川県出身。1997年4月、本学着任。博士（工学）。担当科目：建築情報工学、建築材料学など。現在の研究テーマは、建物の換気・通風に関する研究、室内空気質に関する研究。主な著書・論文に『風工学ハンドブック』（朝倉書店）、『8歳までに経験しておきたい科学』（北大路書房）、「集中換気システムを設置した木造独立住宅の換気効率に関する実測調査」（日本建築学会論文集）などがある。

関谷 浩史　せきや ひろし
東京都出身。2004年4月、本学着任。博士（工学）。担当科目：建築計画、人間工学など。現在の研究テーマは「都市空間の知能化」。主要著書・論文に「中心市街地整備の政策立案に向けた合意形成促進並び支援手法に関する基礎的研究」（博士論文）、「デジタルツールを活用した環境教育の開発」「市街地再生手法における目標空間イメージ支援ツールの開発（その1・その2）」『都市観光でまちづくり』（学芸出版社）などがある。

石本 勝見　いしもと かつみ
1984年4月、本学着任。担当科目：臨床心理学、発達心理学など。現在の研究テーマは、児童養護施設の暴力防止、障害幼児の発達支援など。主な論文に「登校拒否児の治療過程におけるともだち関係の変化について」「非行児童のハンドテストについて」などがある。

植木 信一　うえき しんいち
新潟県出身。1996年4月、本学着任。修士（社会福祉学）。担当科目：社会福祉演習、社会福祉援助技術論など。現在の研究テーマは「子ども支援学」の方法に関する研究。主要著書・論文に『保育ライブラリ児童福祉』（北大路書房）、『臨床に必要な児童福祉』（弘文堂）、「児童福祉文化財の効果的な普

contributes to the pathogenesis of type 2 diabetes in high-fat dietinduced diabetic mice」「マウスの腫瘍形成に対する味噌および味噌成分の抑制効果」などがある。

筒井 和美　つつい かずみ

三重県出身。2006年4月、本学着任。博士（学術）。担当科目：給食管理学内実習、調理学実習Ⅱなど。現在の研究テーマは、米澱粉分散系のレオロジー特性に関する研究、食品のおいしさと食感に関する研究など。主な論文に「Effect of Annealing Temperature on Gelatinization of Rice Starch Suspension As Studied by Rheological and Thermal Measurements」「Effect of Shear Rate on the Viscosity of Rice Starch Suspensions with and without Annealing during Gelatinization」「給食管理学内実習における喫食アンケートの集計結果から一考察　－給食のおいしさに及ぼす食感の影響－」などがある。

伊藤 巨志　いとう きよし

新潟県出身。1993年4月、本学着任。体育学修士。担当科目：保育内容（健康）、幼児体育など。現在の研究テーマは、幼児期の発育・発達、健康教育。主な著書・論文に『健康ライフをめざす基礎知識「元気印の本」』（共著、考古堂書店）、『女子大学生の理想体型に関する研究』、『子どもの「からだ」と運動―子どもにとって必要な「からだ」とは―』『幼児における皮脂厚発育の横断的研究―2005年の調査から―』『大学体育実技履修と過去の体育授業経験との関連』などがある。

渋倉 崇行　しぶくら たかゆき

新潟県出身。2005年4月、本学着任。博士（心理学）。担当科目：幼児体育A、子どもの身体と健康など。現在の研究テーマは、子どものスポーツ活動とライフスキルとの関係に関する研究、子どものレジリエンスに関する研究。主要著書・論文に「高校運動部員の心理的ストレスに関する研究：部活動ストレスモデルの構築と介入プログラムの作成」（博士論文）、「高校運動部員の部活動ストレッサーに対する認知的評価尺度の再構成」「高校運動部員における部活動ストレス体験の意味：部活動に適応的な部員の検討」「高校運動部員の心理的ストレス過程に関する検討」「高校運動部員の部活動ストレッサーに対するコーピング採用とストレス反応との関連」「高校運動部員用ストレス反応尺度の作成」などがある。

菅井 清美　すがい きよみ

神奈川県出身。1993年4月、本学着任。博士（工学）。担当科目：衣住環境学、環境工学など。現在の研究テーマは(1)衣・住環境評価に関する研究、(2)繊維物性や生体信号による感性評価の数値化など。主な著書に『生活環境論』（中島利誠編著、光生館）、『くらしのなかの科学技術　－新潟で輝く新技術－』（菅井清美編著、考古堂）など。主な論文に「触感温度に及ぼす接触熱抵

『健康・栄養科学シリーズ　応用栄養学』(共著、南江堂)、「Effects of Dietary Threonine Levels on the Threonine-degrading Enzyme Activities and Tissue Threonin Related Amino Acid Concentration in Rats」「Nutritional Intakes in Community-dwelling Older Japanese Adults: High Intakes of Energy and Protein Based on High Consumption of Fish, Vegetables and Fruits Provide Sufficient Micronutrients」などがある。

佐藤 恵美子　さとう えみこ

山形県出身。1974年10月、本学着任。博士（農学）。担当科目：調理科学、調理学実習・実験など。現在の研究テーマ：ゴマ豆腐の力学特性に及ぼす澱粉の種類や油脂の影響―ウルチ米澱粉の場合、団子モデル系澱粉ゲルの老化に及ぼすヨモギ添加量の影響。主要著書・論文に、ネオエスカ調理学、調理科学実験、『総合調理科学事典』（ゴマ豆腐、のっぺい）、レオロジーデーターハンドブック、新潟地区の郷土食と文化、「ゴマ豆腐の物理的性質の構造に及ぼす調製条件の影響、ゴマ豆腐の粘弾性に及ぼすゴマの添加量の影響」「Effect of different kind of sesame materials on the physical properties of gomatofu」「The effect of sesame oil contents on the mechanical properties of gomatofu」「Roasting conditions of sesame seeds and their effect on the mechanical properties of gomatofu」などがある。

立山 千草　たてやま ちぐさ

静岡県出身。1989年４月、本学着任。博士（学術）。担当科目：食生活論、食品機能論など。現在の研究テーマは、食べ物と健康に関する研究。主要著書に「植物性食品に含まれるポリフェノール成分とその生体調節作用に関する研究」などがある。

太田 優子　おおた ゆうこ

新潟県出身。1985年４月、本学着任。博士（保健学）。担当科目：栄養教育論、学校栄養教育論など。現在の研究テーマは、QOLの向上を目指した思春期における食教育の在り方に関する研究。主要著書・論文に『新版 栄養教育論』（共著、光生館）、『改訂 栄養教育論実習書』（共著、光生館）、「思春期１型糖尿病患児の疾患特異的ならびに包括的QOLの評価に関する調査研究」などがある。

村松 芳多子　むらまつ かなこ

研究開発支援総合ディレクトリ（ReaD）のHP（http://read.jst.go.jp/）を参照ください。

曽根 英行　そね ひでゆき

東京都出身。2006年４月、本学着任。博士（農学）。担当科目：生化学、栄養学特論など。現在の研究テーマは、生体成分による生活習慣病の予防・改善に関する研究。主要著書・論文に「ビオチン（ビタミンH）の新しい薬理作用」「ビオチンの効能と期待」「Pancreatic beta-cell senescence

理論に基づく予備調査」「ディクテーションとシャドーイングによる指導法が聴解力に与える効果」などがある。

David Coulson　クルソン・デビッド

英国出身。2001年４月、本学着任。修士（MA）・修士（MSc）。担当科目：英語コミュニケーション、英語特別演習など。現在の研究テーマは(1) Lexical Acquisition Processes (2) Applied Linguistics, SLA (3) English Langage Teaching。主な著書・論文に「2005/３ 'Collaborative Tasks for Cross-cultural Communication' in Edwards C.& Willis, J. (Eds. Teachers Exploring Tasks in English Language Teaching」「Tell Me Your Stories. Storytelling in Conversational English」「Bilingualism and its Constituent Measurement: Progress and Attrition in Vocabulary Accessibility at Various Proficiency Levels」などがある。

後藤 岩奈　ごとう いわな

長崎県出身。1997年４月、本学着任。文学修士。担当科目：中国事情（歴史・風土）、中国語など。現在の研究テーマは、中国現代文学（特に胡風について）、中国語学および中国語教育法。主要著作・論文に「胡風の文芸思想と主観論争」「〈民族形式〉をめぐる論争について」「胡風の著述に見る魯迅とその文学」(1)～(7)などがある。

大桃 伸一　おおもも しんいち

新潟県出身。1982年４月、本学着任。教育学修士。担当科目：教育学、幼児教育学など。現在の研究テーマは、戦後日本の幼児教育改革、園と家庭との連携。主要著書・論文に『幼児教育学入門』（共著、学術図書出版社）、『子どもの未来を拓く教育の創造』（共著、文化書房博文社）、「戦後における教育内容行政と教育課程」「戦後初期の教育政策と幼保一元化構想」などがある。

梅田 優子　うめだ ゆうこ

新潟県出身。1999年４月、本学着任。家政学修士。担当科目：幼稚園教育課程、保育内容総論など。現在の研究テーマは、保育者の子ども理解と援助のあり方。主要著書・論文に『保育原理の探究』（共著、相川書房）、『保育者論』（共著、相川書房）、『保育内容総論』（共著、東京書籍）、『保育実習』（共著、ミネルヴァ書房）、『保育方法の実践的理解』（共著、萌文書林）、「子どもの遊び世界への保育者の援助についての一考察」（保育学研究）などがある。

渡邊 令子　わたなべ れいこ

新潟県出身。1973年10月、本学着任。博士（学術）。担当科目：栄養学総論Ⅰ・Ⅱ、栄養学各論など。現在の研究テーマは、米タンパク質の未知の栄養生理学的機能に関する研究、自立高齢者の食生活・栄養と健康状態との関係について」など。主要著書・論文に『基礎栄養学』第5,6版（共著、医歯薬出版）、

－環日本海の構想－』（共著）、『日本海学の新世紀３－循環する海と森－』(共著)、『北東アジア事典－環日本海圏の政治・経済・歴史・文化・環境－』（共著)、「東北アジアの相互理解－非国家アクターの役割とその取り組みについて－」「北東アジアにおける開発ビジョンと国際環境協力に関する一考察」などがある。

澁谷 義彦　しぶや よしひこ

宮城県出身。1981年４月、本学着任。文学修士。担当科目：英文学史、英文学特別演習（演劇）など。現在の研究テーマは、シェイクスピア演劇の受容、特にシェイクスピア演劇を日本の伝統演劇の手法で演出する異文化演劇について。主要著書・論文に、G.パテナム著『英詩の技法』(共訳)、「黒澤明の映画『乱』とシェイクスピアの『リア王』」「異文化演劇とシェイクスピア―坪内逍遙の夢と栗田芳宏の能楽堂シェイクスピア・シリーズ―」「シェイクスピア異文化演劇の様式性―鈴木忠志演出『リア王』をめぐって―」などがある。

小谷 一明　おだに かずあき

2000年４月、本学着任。文学修士。担当科目：米文学史、アメリカ文化など。主要著書・論文に「ヒバクシャと越境する場所の感覚」(野田研一他編)、『越境するトポス―環境文学論序説』(彩流社)、「『自己批評』テキストにおける文化的横断の有効性―ロクサーヌ・ダンバーオーティーズ回想録３部作から小説へ」（小林憲二編『変容するアメリカ研究のいま―文学・表象・文化をめぐって』(彩流社)、「向かい風と返し風―在日歌人李正子の「風」を読む」、生田省悟他編『「場所」の詩学―環境文学とは何か』(藤原書店）などがある。

福嶋 秩子　ふくしま ちつこ

広島県出身。1985年12月、本学着任。文学修士。担当科目：日本語概論、英語科教育法など。現在の研究テーマは「言語の多様性と変化」「第二言語習得と外国語教育」である。主要著書・論文に『奄美徳之島のことば―分布から歴史へ』（共著、秋山書店)、「出雲に於ける開音類の分布とその総合化―パソコンによる言語地理学の一例として」「日本語から英語へ―日本人幼児の二言語習得の記録から」「Using a Personal Computer to Grasp Dialectal Variation」「世界の言語地図作成・活用状況に見る言語地理学の現状と課題」などがある。ホームページは、http://www.nicol.ac.jp/~fukusima/「言語地理学のへや」。

茅野 潤一郎　ちの じゅんいちろう

新潟県出身。2007年４月、本学着任。修士（教育学)。担当科目：資格英語、英語特別演習など。現在の研究テーマは、英語学習者要因、語彙習得、英語教育とマルチメディア。主な論文に「語彙学習ストラテジー使用度と語彙習得との関係：高校生用単語帳による意図的学習の場合」「動機づけが及ぼす語彙サイズの伸長への影響：自己決定

福本 圭介　ふくもと けいすけ
香川県出身。2005年４月、本学着任。文学修士。担当科目：米文学特殊講義、アメリカ文化など。現在の研究テーマは、非暴力の思想と文化、およびそれに関連する英語圏の文化研究。主要著書・論文に「ハムレットの生成変化」『変容するアメリカ研究のいま―文学・表象・文化をめぐって』（共著、彩流社）、「私たちが私たちになるために：公共空間を創造する教養と生成変化についての試論」「演劇の潜在力：刑務所でゴドーを待ちながら」などがある。

山田 佳子　やまだ よしこ
神奈川県出身。2002年10月、本学着任。文学碩士（韓国）。担当科目：韓国語、朝鮮事情（文化）など。現在の研究テーマは、韓国の女性作家、主に朴花城についての研究。主要著書・論文に『現代韓国短篇選』上・下（共訳、岩波書店）、『短編小説集 小説家仇甫氏の一日 ほか十三編』（共訳、平凡社）、「習作期の崔貞熙」「インターネットを用いた韓国語の授業」「朴花城の植民地期の作品と舞台について」「朴花城の東京留学時代」などがある。

戸澗 幸夫　とま ゆきお
石川県出身。2004年４月、本学着任。担当科目：図画工作、保育内容の研究「遊びと造形」など。現在の研究テーマは、幼児教育における造形表現のあり方、写実と装飾の調和を生かした絵画制作。主要な活動：第76回第一美術展最高賞第一美術協会賞ほか会員賞４回、北里研究所主催第５回人間讃歌の美術展佳作、山梨メセナ協会芸術家海外派遣など２回、新潟県ジュニア展・教育アート展など審査依頼多数。

長井 春海　ながい はるみ
東京都出身。1966年４月、本学着任。本年度で退職を迎える。担当科目：音楽理論、合唱など。現在の研究テーマは、ダルクローズ音楽教育法、音楽表現。主要著書に『こどものうた １・２』（全音楽譜出版社）。そのほか演奏活動多数。

黒田 俊郎　くろだ としろう
東京都出身。1993年４月、本学着任。法学修士。担当科目：国際政治学、現代ヨーロッパ研究など。現在の研究テーマは、暴力と平和。主要著書・論文に『ヨーロッパ統合と日欧関係』『世界システムとヨーロッパ』「Ｋ・Ｗ・ドイッチュのナショナリズム論：国民国家体系の構造分析」「政治的思考の自立性と平和研究：ヨーロッパの経験から」「二〇〇一年九月一一日：私たちはなにをなすべきだったのか」などがある。

若月 章　わかつき あきら
新潟県出身。1993年４月、本学着任。政治学修士。担当科目：国際関係論、環日本海事情概論など。現在の研究テーマは、EUサブリージョンと東アジア共同体；地域ガバナンス間の国際連携モデル構築。主要著書・論文に『国際関係論』（共著）、『国境を越える実験

執筆者紹介

（第１章～４章、掲載順）

石川 伊織　いしかわ いおり

東京都出身。1996年４月、本学着任。文学修士。担当科目：哲学、ジェンダー論など。現在の研究テーマは、ヘーゲル美学と国家論。主要著書・論文に『倫理の危機？――「個人」を越えた価値の再構築へ』(廣済堂ライブラリー 015　2002)、共著『ヘーゲル哲学への新視角』創文社（1999)、「オペラ "Curlew River"における能『隅田川』の変容」「希薄化する身体性のリアリティ」「椎名林檎における『歌』の解体と再生」「旅の日のヘーゲル――美学体系と音楽体験 1824年９月ヴィーン」などがある。

宮西 邦夫　みやにし くにお

鳥取県出身。1993年４月、本学着任。医学博士。担当科目：公衆衛生学、健康科学特論など。現在の研究テーマは(1)虚血性心疾患の危険因子の疫学、(2)mid-bandの出現要因に関する疫学的研究、(3)学童における不定愁訴の疫学。主要著書・論文に『運動と突然死－その予防と対策』（著書)、「Protein-Aを用いたIg-G吸収前後のHI抗体価による日本脳炎、デング両ウイルス感染状況の推定法」「血清脂質の10年間の量と質に関する追跡調査研究」「学童の肥満と心の健康－高い体脂肪率と不定愁訴で悩む子供たち－」「学童の貧血に関する記述疫学的研究」などがある。

板垣 俊一　いたがき しゅんいち

新潟県出身。1982年４月、本学着任。文学修士。担当科目：文学、日本言語文化論など。現在の研究テーマは、越後瞽女唄などの近世・近代俗曲の研究および日本古代歌謡の研究。主要著書・論文に、叢書江戸文庫『前太平記（上・下)』(国書刊行会刊)、「『古事記伝』の方法」「赤猪子の物語―饗宴と提喩としての歌謡―」「近世仮作軍記と魔界の論理」(高田衛編『見えない世界の文学誌』所収)、「中国雲南省ペー族の歌文化」などがある。

波田野 節子　はたの せつこ

新潟県出身。1993年４月、本学着任。担当科目：基礎韓国語、上級韓国語など。現在の研究テーマは、日本に留学した韓国文学者たち。著書に『「無情」の研究』（白帝社)、『「無情」を読む―「無情」の光と影』（ソミョン出版・ソウル)、翻訳に『無情』(平凡社)『金色の鯉の夢― オ・ジョンヒ小説集』（段々社)、論文に「金東仁の文学に見る日本との関連様相」「洪命憙の両班論と『林巨正』」などがある。

県立新潟女子短期大学創立45周年記念誌編集委員会

佐々木博昭（生活科学科生活科学専攻教授）
関谷　浩史（生活科学科生活科学専攻准教授）
佐藤恵美子（生活科学科食物栄養専攻教授）
小池　由佳（生活科学科生活福祉専攻准教授）
戸澗　幸夫（幼児教育学科教授）
梅田　優子（幼児教育学科准教授）
澁谷　義彦（英文学科教授）
板垣　俊一（代表・国際教養学科教授）

私《わたし》たちの学問《がくもん》と教育《きょういく》
―県立新潟女子短期大学創立45周年記念―

2008（平成20）年７月25日　発行

編　者　県立新潟女子短期大学
発行者　德永健一
発行所　㈱新潟日報事業社
〒951-8131
新潟市中央区白山浦2-645-54
TEL 025-233-2100　FAX 025-230-1833
印　刷　新高速印刷株式会社

ISBN978-4-86132-290-7